HISTOIRE

DE LA

PEINTURE SUR VERRE.

PARIS — TYPOGRAPHIE DE FIRMIN DIDOT FRÈRES, RUE JACOB, 56.

HISTOIRE

DE LA

PEINTURE SUR VERRE

D'APRÈS SES MONUMENTS EN FRANCE,

PAR

FERDINAND DE LASTEYRIE.

PLANCHES.

PARIS,

TYPOGRAPHIE DE FIRMIN DIDOT FRÈRES,

56, RUE JACOB.

M DCCC LIII.

TABLE DES PLANCHES.

INTRODUCTION.

A. — Saint Timothée, martyr. . . . . Église de Neuviller (Bas-Rhin).

B. — La sainte Vierge et les Apôtres. . . . . Cathédrale du Mans.

DOUZIÈME SIÈCLE.

I. — Histoire de sainte Catherine. . . . . Cathédrale d'Angers.

II. — Funérailles de la sainte Vierge, fragment. . . Cathédrale d'Angers.

III. — Vitrail fondé par l'abbé Suger. . . . . Abbaye de Saint-Denis.

IV. — L'abbé Suger, fragment. . . . . Abbaye de Saint-Denis.

V. — Histoire de Moïse. . . . . Abbaye de Saint-Denis.

VI. — Fenêtre à panneaux ornés. . . . . Abbaye de Saint-Denis.

VII. — Fragments détachés : — un griffon, — l'Arche
d'alliance. . . . . Abbaye de Saint-Denis.

TABLE DES PLANCHES.

VIII. — Glorification de la sainte Vierge. . . . . . . Église de la Trinité, à Vendôme.

IX. — Laurent, prêtre, fondateur de vitraux, — figure
de martyr. . . . . Saint-Père de Chartres.

TREIZIÈME SIÈCLE.

X. — Rose d'ornements. . . . . Cathédrale de Séez (Orne).

XI. — Isaïe et saint Matthieu, vitrail fondé par Alix de
Bretagne, comtesse de Dreux. . . . . Cathédrale de Chartres.

XII. — Arts et métiers : — charpentiers, menuisiers, char-
rons, tonneliers, construction et dédicace d'une
église, sculpteurs, statuaires, tailleurs de pierres
et changeurs. . . . . Cathédrale de Chartres.

XIII. — Arts et métiers : — chasseurs, marchands d'aumusses, marchands de drap, maréchal-ferrant,
vignerons, vanniers. . . . . Cathédrale de Chartres.

XIV. — Jeu de tables, fragment. . . . . Cathédrale de Bourges.
Boucher assommant un bœuf, fragment. . . . . Cathédrale de Chartres.

XV. — Évêque suffragant et son église, — Saint Philippe
et saint Thomas. . . . . Cathédrale de Reims.

XVI. — Légende de saint Martin. . . . . Cathédrale de Tours.

XVII. — Saint Victor et saint Maurice, costumes guerriers. Cathédrale de Strasbourg.

XVIII. — Lacis et entrelacs en grisaille, fragments. . . . Tours, Poitiers et Chartres.

XIX. — Histoire de sainte Radegonde. . . . . Ste-Radegonde de Poitiers.

XX. — Le Jugement dernier. . . . . Ste-Radegonde de Poitiers.

XXI. — Rose septentrionale de Notre-Dame. . . . . . . Cathédrale de Paris.

XXII. — Parties de galerie vitrée. . . . . Cathédrale de Châlons.

XXIII. — Boutique d'épicier. — Atelier de filature. . . . . Cathédrale d'Amiens.

XXIV. — Verrière fondée par saint Louis. . . . . Moulineaux, près Rouen.

XXV. — Rose du transept septentrional. . . . . Cathédrale de Soissons.

XXVI. — Tête de roi . . . . Cathédrale de Soissons.
Le roi saint Louis. . . . . Cathédrale de Chartres.

XXVII. — Fragments divers : — Psychostasie. — Guerriers.
— Siége d'une ville. — Supplice du roi Haï. —
Construction du temple de Salomon. . . . . Sainte-Chapelle de Paris.

XXVIII. — Procession des reliques. . . . . Sainte-Chapelle de Paris.

TABLE DES PLANCHES.

XXIX. — Histoire de Judith. . . . . Sainte-Chapelle de Paris.

XXX. — Garnier de Trainel, évêque de Troyes. — Reconstruction de la cathédrale de Troyes. — Figure
de guerrier provenant d'un vitrail fondé par Jean
de Brie. . . . . Cathédrale de Troyes.

XXXI. — Verrière de Saint-Urbain. . . . . Saint-Urbain de Troyes.

XXXII. — Types de figures. . . . . Bourges et Paris.

XXXIII. — Histoire légendaire de Joseph, peinte par *Clément
de Chartres*. . . . . Cathédrale de Rouen.

XXXIV. — Modèles de bordures. . . . . Cathédrale de Chartres.

QUATORZIÈME SIÈCLE.

XXXV. — Jean de Mante, abbé de Saint-Père (1308). . . . . Saint-Père de Chartres.
Guillaume de Harcourt, grand queux de France
(1310). . . . . Cathédrale d'Évreux.

XXXVI. — Geoffroy, restaurateur des vitres de Chartres. . . Cathédrale de Chartres.

XXXVII. — Verrière à figures en grisaille, fondée par le chanoine Thierry (1328). . . . . Cathédrale de Chartres.

XXXVIII. — Geoffroy, évêque d'Évreux, figure votive (1311-
1327). . . . . Cathédrale d'Évreux.

XXXIX. — Saint Pierre marchant sur les eaux, vitrail fondé par
Raoul de Senlis. . . . . Cathédrale de Beauvais.

XL. — Le roi Charles le Jeune, vitrail attribué à *Jean de
Kircheim*. . . . . Cathédrale de Strasbourg.

XLI. — Fragments détachés d'ornements. . . . . St-Thomas de Strasbourg.

XLII. — Modèles de roses d'ornements. . . . . Toul et Strasbourg.

XLIII. — Sainte Valérie et saint Martial, patrons de l'Aquitaine. . . . . Cathédrale de Limoges.

XLIV. — Saint Maurice, costume guerrier. . . . . Cathédrale de Lyon.

XLV. — Rose fondée par l'évêque Pierre Rodier, chancelier
de France. . . . . St-Nazaire de Carcassonne.

XLVI. — Verrière à ornements blasonnés. . . . . Cathédrale de Narbonne.

XLVII. — Détails de la planche précédente. . . . . Cathédrale de Narbonne.

XLVIII. — Costumes d'artisans : — Charcutier. — Tondeur
de drap. . . . . Église de Semur, Côte-d'Or.

TABLE DES PLANCHES.

LXXXIX. — Un renard prêchant des poules, — Jeanne d'Albret prêchant les protestants, caricatures religieuses. . . . . Provenant de Limoges.

XC. — Symbole de la Trinité. . . . . Saint-Lô-d'Ourville (Manche).

XCI. — Allégorie universitaire. . . . . Bibliothèque de Strasbourg.

XCII. — Rose des apôtres, peinte en 1581 par *N. Derodé.* Cathédrale de Reims.

DIX-SEPTIÈME SIÈCLE.

XCIII. — Saint Pierre aux portes de Rome. . . . . . . Église Saint-Aignan, à Chartres.

XCIV. — Fragment de l'allégorie du Pressoir, attribuée à *Nicolas Pinaigrier.* . . . . Saint-Étienne du Mont, à Paris.

XCV. — Le maréchal de Montigny et Gabrielle de Crevant, son épouse (1619). . . . . Cathédrale de Bourges.

XCVI. — Figures de saints évêques, verrière fondée par Jean Daffis, évêque de Lombez. . . . . . . Cathédrale de Toulouse.

XCVII. — Fragments de fenêtres en mosaïque. . . . . . Cathédrale de Toulouse.

XCVIII. — Le bienheureux Mutius, ermite, vitrail provenant de la chartreuse de Molsheim et peint par *Bernard Linck,* d'après Martin de Vos (1622).

XCIX. — Descente de croix, vitrail provenant de la chartreuse de Molsheim et peint par *Laurent Linck,* d'après Martin de Vos (1631). . . . . . . } Bibliothèque de Strasbourg.

C. — Louis XIII, médaillon peint par *Linard Gonthier,* pour l'hôtel de l'Arquebuse de Troyes. } Bibliothèque de Troyes.

CI. — Anne d'Autriche, peinte par le même. . . . . }

CII. — Saint Thomas et saint Simon, apôtres, peints par *A. Soulignac* (1631). . . . . Église Saint-Eustache, à Paris.

CIII. — Verrière fondée par Dominique de Vic, archevêque d'Auch (1648). . . . . Cathédrale d'Auch.

CIV. — L'Adoration du saint sacrement, verrière peinte par *Leclerc* (1673). . . . . Église Saint-Sulpice, à Paris.

CV. — Rose fondée par Louis XIV, et peinte par *Guillaume Levieil.* . . . . Cathédrale d'Orléans.

TABLE DES PLANCHES.

LXVIII. — Scènes de la Passion, fragment. . . . . Église Saint-Gervais, à Paris.

LXIX. — La Conception, — la Nativité. — Fragments. . Église de Ferrières (Loiret).

LXX. — Scène de l'Apocalypse, peinte par *Jean Cousin.* Sainte-Chapelle de Vincennes.

LXXI. — Henri II, roi de France, peint par *Jean Cousin.* Sainte-Chapelle de Vincennes.
L'Enfance de saint Eutrope, fragment attribué
au même. . . . . Cathédrale de Sens.

LXXII. — Concert céleste, rose. . . . . Cathédrale de Sens.

LXXIII. — La Toilette de Psyché, grisaille peinte par *Bernard de Palissy,* d'après Raphaël (1542). . . Jadis au château d'Écouen, et maintenant à Chantilly.

LXXIV. — Arbre de Jessé, peint par *Angrand* ou *Enguerrand le Prince.* . . . . Saint-Étienne de Beauvais.

LXXV. — Saint Matthieu, — saint Marc, peints par *Nicolas le Pot* (1551). . . . . Cathédrale de Beauvais.

LXXVI. — Notre-Dame de Lorette, d'après un carton attribué à Raphaël. . . . . Saint-Étienne de Beauvais.

LXXVII. — Grande verrière fondée par Otton Savini, et peinte par *Valentin Bouch* (1521). . . . . . Cathédrale de Metz.

LXXVIII. — Saint Phronimius, évêque de Metz; détail de la planche précédente. . . . . Cathédrale de Metz.

LXXIX. — Joseph pardonnant à ses frères, verrière fondée par François de Dinteville, évêque d'Auxerre, et peinte par *Germain Michel* (1528). . . . Cathédrale d'Auxerre.

LXXX. — Marguerite d'Autriche, duchesse de Savoie. . . Église de Brou, près Bourg (Ain).

LXXXI. — L'Incrédulité de saint Thomas et les disciples d'Emmaüs, peinture d'*Arnaud de Molc* (1513). Cathédrale d'Auch.

LXXXII. — Sainte Famille, peinte par *Jean Lequier* (1523). Cathédrale de Bourges.

LXXXIII. — La Mort de saint Bonnet (1544) . . . . . Église Saint-Bonnet, à Bourges.

LXXXIV. — François de Bourbon, duc de Montpensier. — Claude de Longvy, cardinal de Givry. . . . Chapelle de Champigny, près Chinon (Indre-et-Loire).

LXXXV. — Les habitants du Pont-de-l'Arche requis pour faire franchir le pont de cette ville à un bateau chargé. . . . . Église du Pont-de-l'Arche (Eure).

LXXXVI. — Tisserands et filateurs, fragments. . . . . . Église Saint-Étienne, à Elbeuf.

LXXXVII. — Histoire du juif de la rue des Billettes. . . . Église Saint-Alpin, à Châlons.

LXXXVIII.— La sépulture du Christ. . . . . Maison Bonnissent, à Rouen.

TABLE DES PLANCHES.

DIX-HUITIÈME SIÈCLE.

CVI. — Chiffre et panneau de fleurs. . . . . Saint-Nicolas du Chardonnet, à Paris.
CVII. — Le Baptême de Notre-Seigneur (1724). . . Église Saint-Gervais, à Paris.
CVIII. — Verrière à bordure de style rocaille (1758). . Église de Caudebec (Seine-Inférieure).

FIN DE LA TABLE.

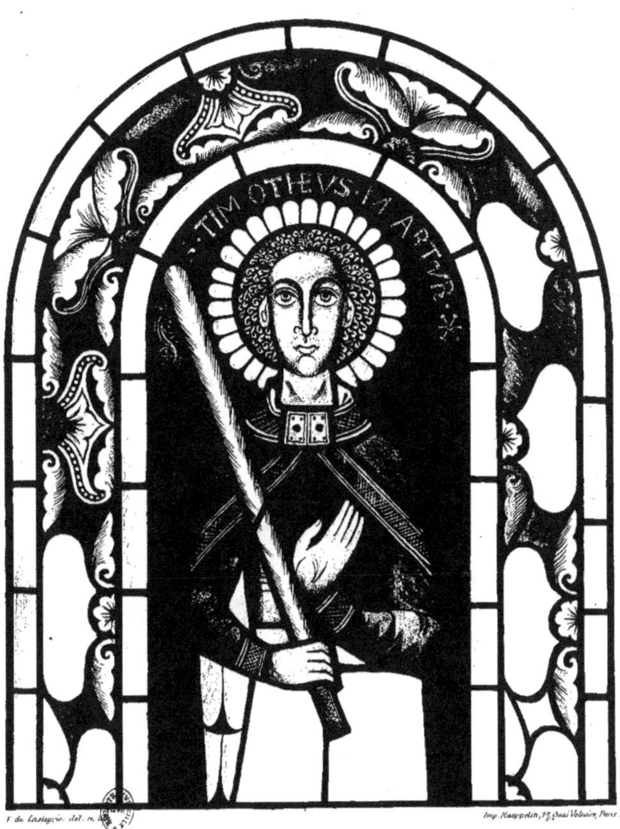

F. de Laslaysie. del. et sc.   Imp. Kaeppelin, 17, Quai Voltaire, Paris.

SAINT-TIMOTHÉE, MARTYR,

provenant de l'Église de Neuviller

(Bas-Rhin)

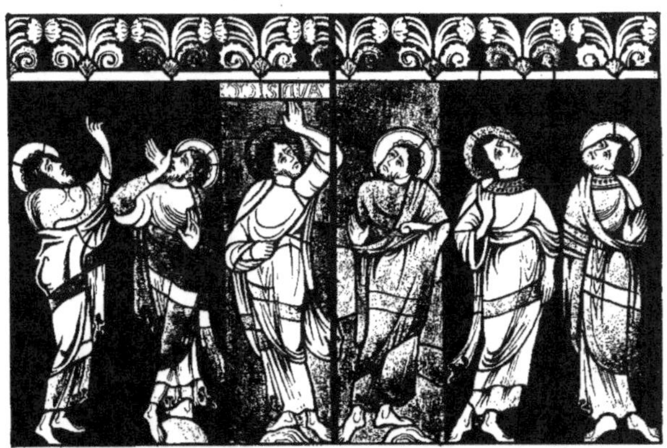

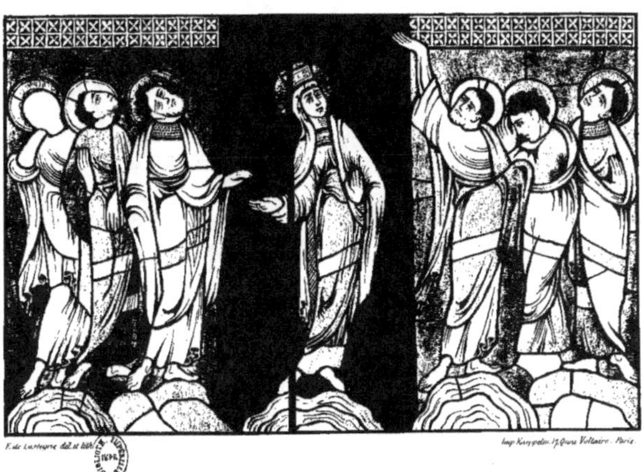

LA SAINTE VIERGE ET LES APÔTRES

Cathédrale du Mans.

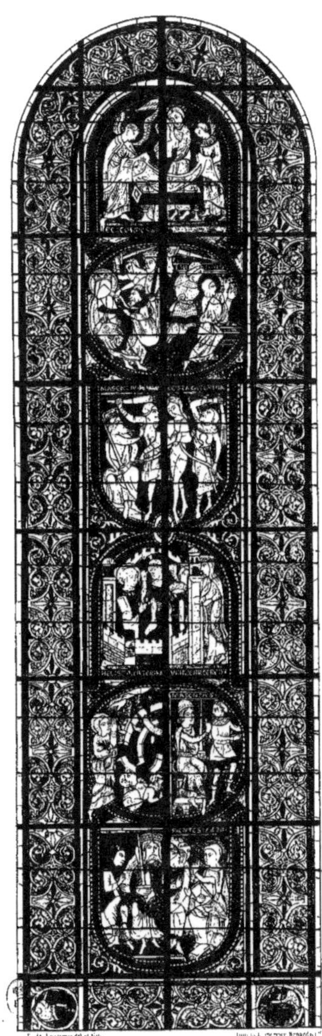

HISTOIRE DE S.ᵗ CATHERINE

Cathédrale d'Angers

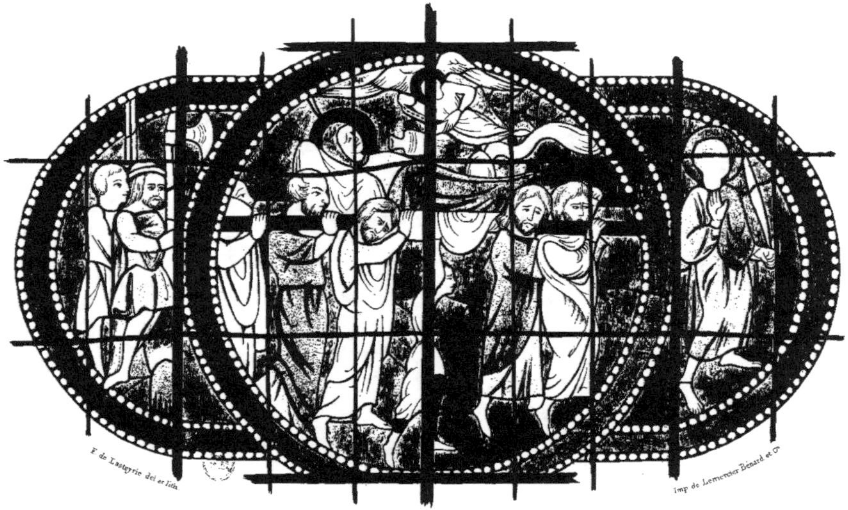

F. de Lasteyrie del. et lith.

Imp. de Lemercier-Bénard et Cⁱᵉ.

FUNÉRAILLES DE LA VIERGE.

Cathédrale d'Angers.

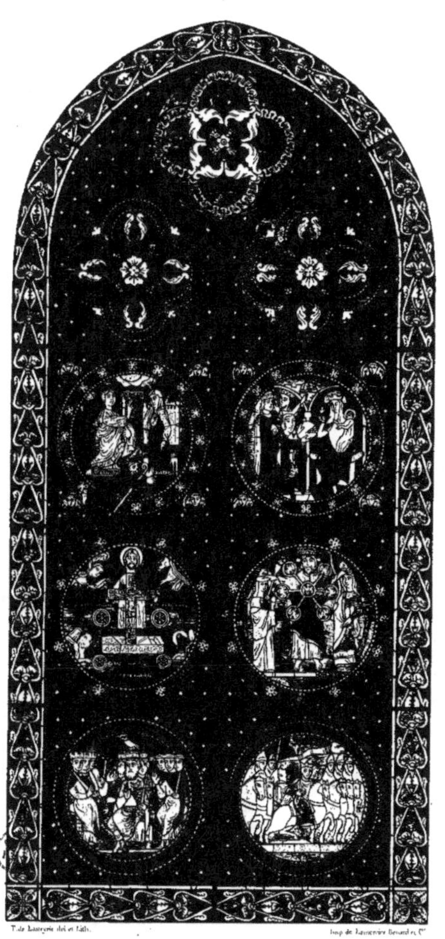

VITRAIL FONDÉ PAR SUGER.

en l'Abbaye Royale de St Denys.

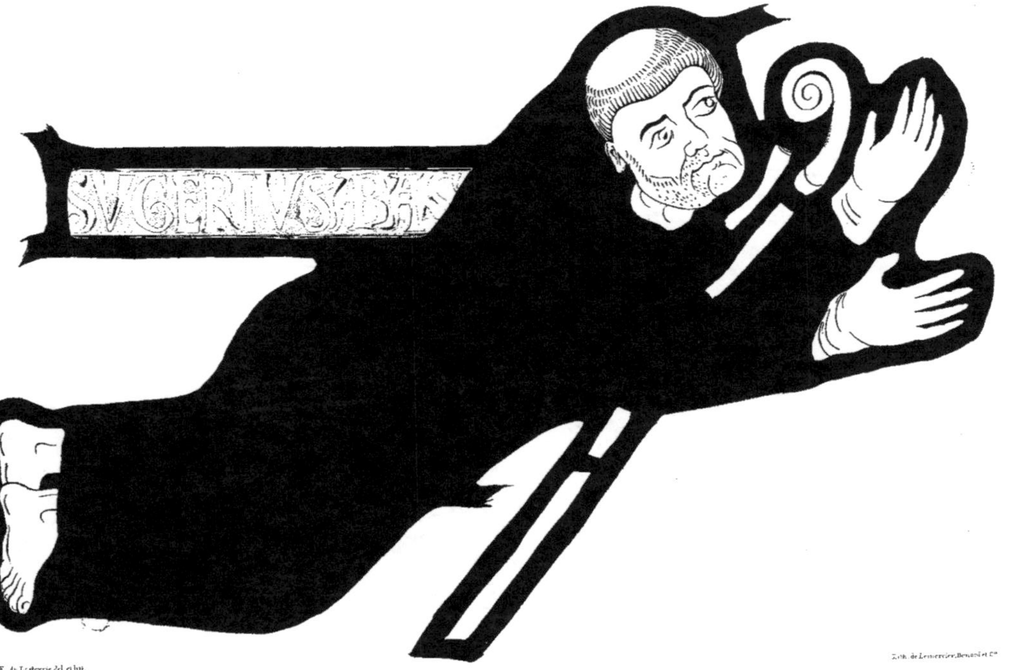

F. de Lasteyrie del. et lith.

Lith. de Lemercier, Benard et C.ie

L'ABBÉ SUGER.

Figure tiré d'un Vitrail de St Denys

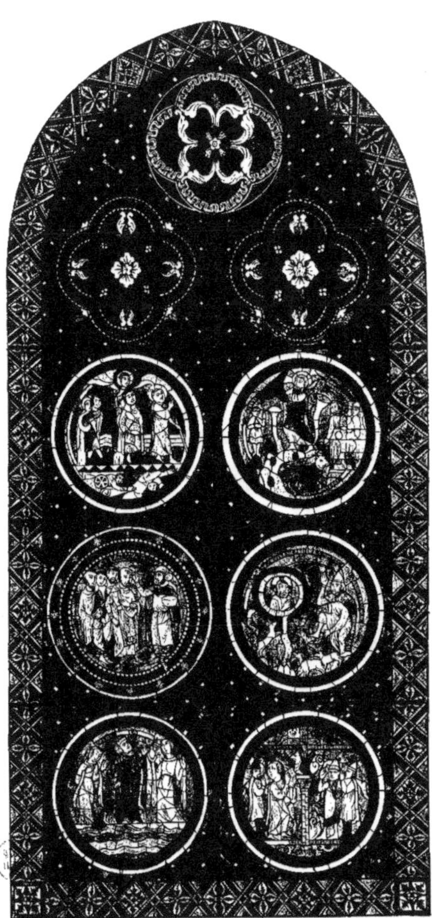

HISTOIRE DE MOISE.

Abbaye Royale de St Denys.

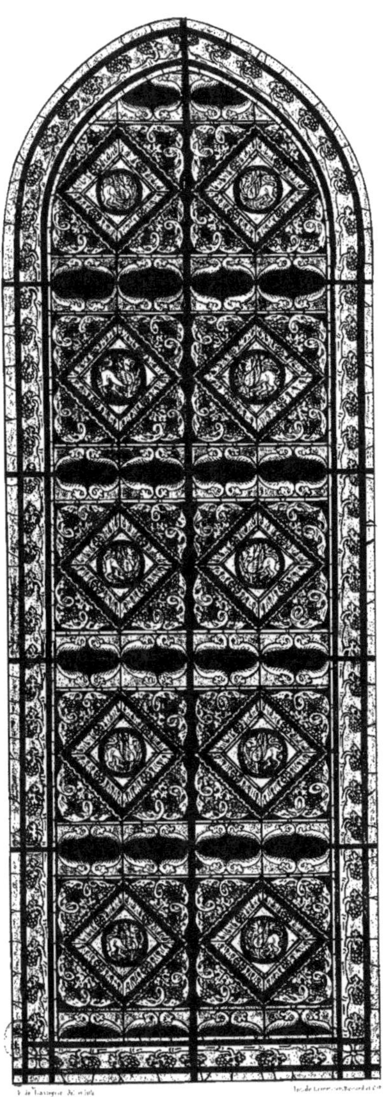

FENÊTRE A PANNEAUX ORNÉS

Abbaye Royale de St Denys.

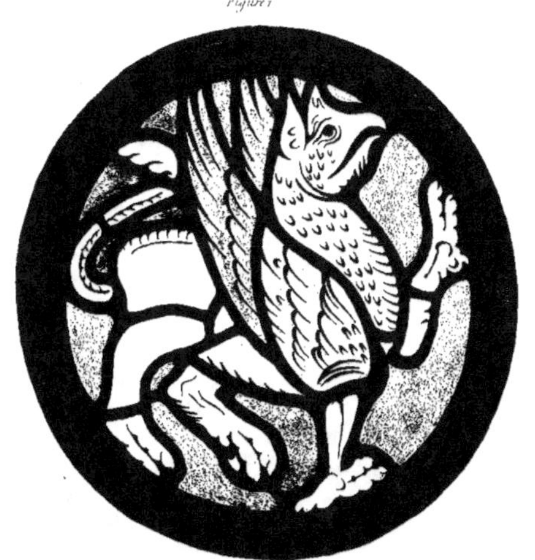

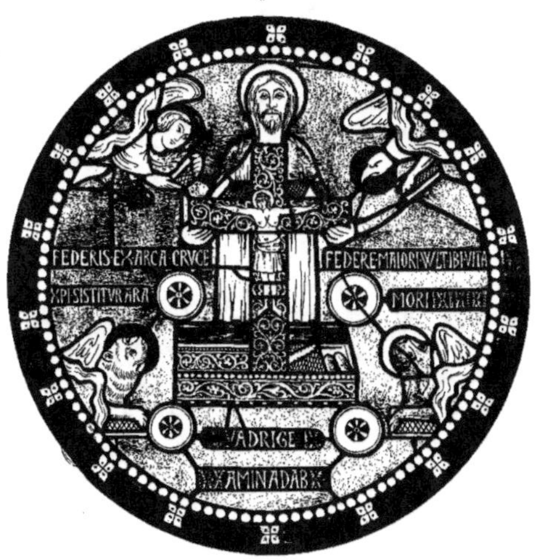

J. de Lasteyrie del. et lith. imp. de Lemercier, Bernard et C.ie

PANNEAUX DÉTACHÉS,

des Fenêtres de l'Abbaye Royale de S.t Denys.

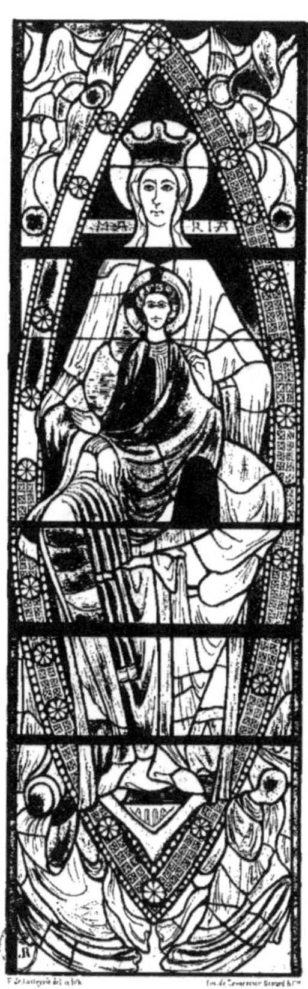

F. de Lasteyrie del. in lith.   Imp. de Lemercier Benard & Cⁱᵉ

GLORIFICATION DE LA S.ᵗᵉ VIERGE.

Église de la Trinité de Vendôme

Fig. 2

Fig. 1

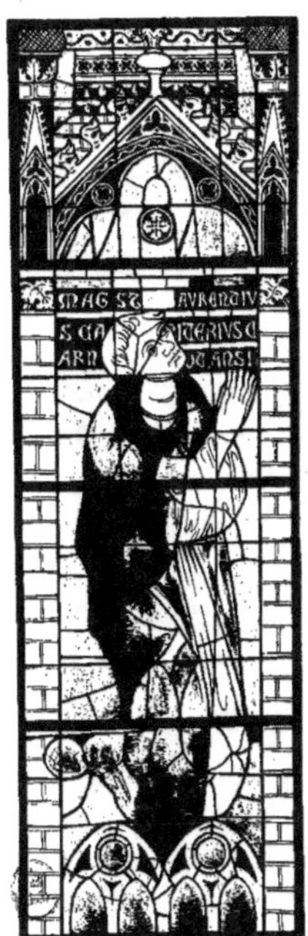

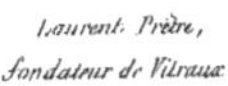

Laurent. Prêtre,
Fondateur de Vitraux.

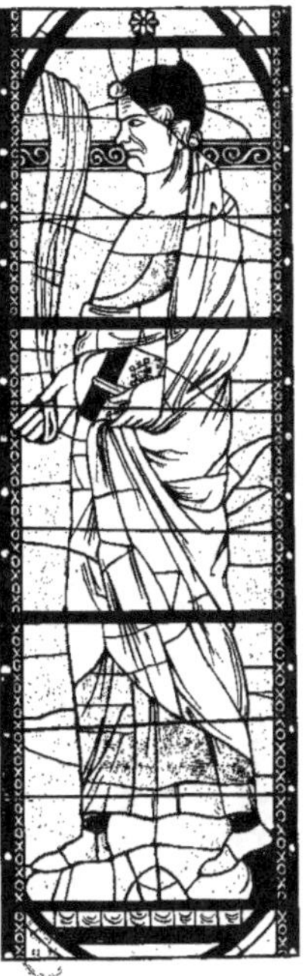

Figure de Martyr
dans le style oriental.

EGLISE DE S.ᵗ PIERRE,

à Chartres.

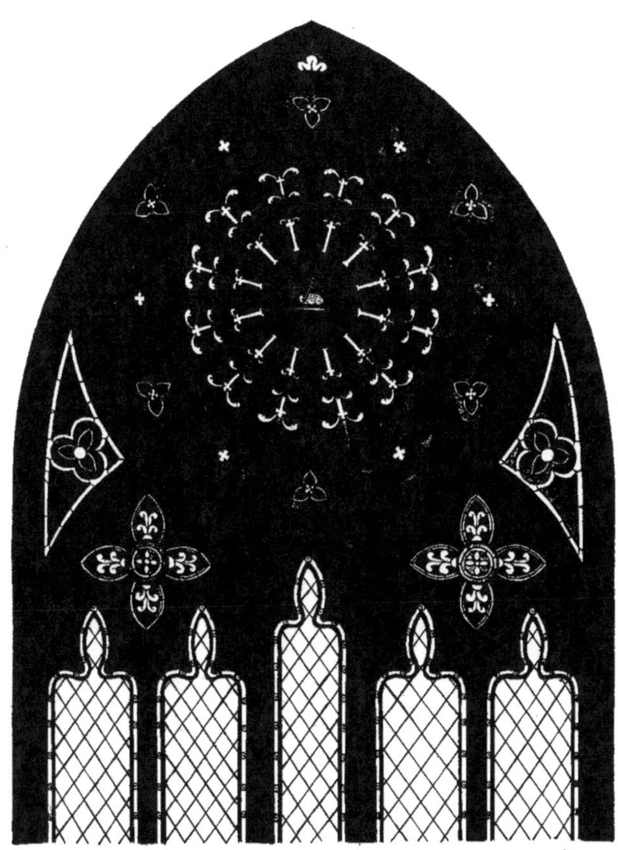

ROSE D'ORNEMENT.

Cathédrale de Seez.

(Orne)

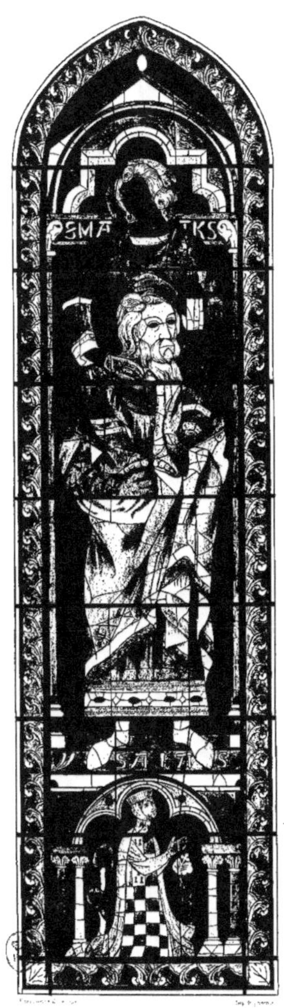

ISAÏE & St MATHIEU.

ALIX DE BRETAGNE, 1ʳᵉ FEMME DE PIERRE DE DREUX.

Cathédrale de Chartres

fig. 1.

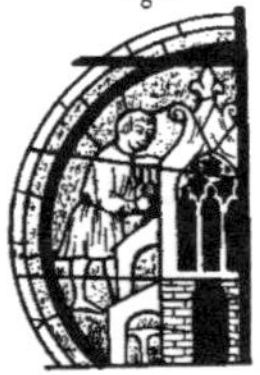

fig. 2.

fig. 3.

Construction d'une Église.

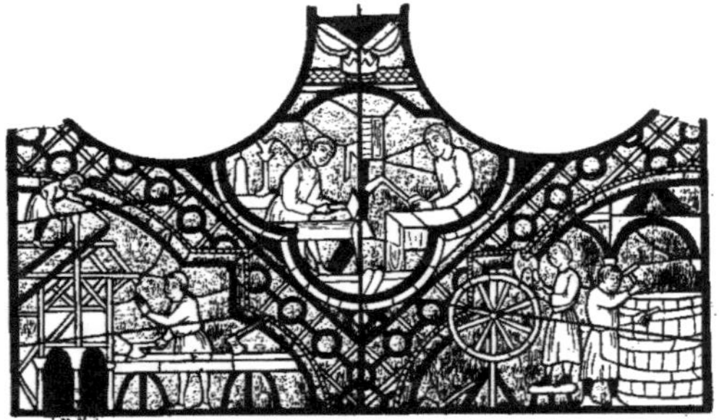

Charpentiers, Ménuisiers, Charon et Tonnelier.

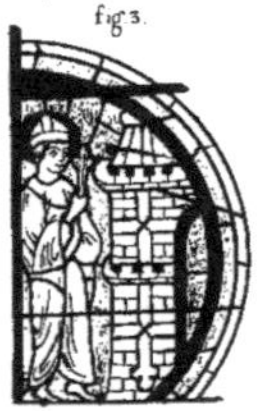

Dédicace d'une Église.

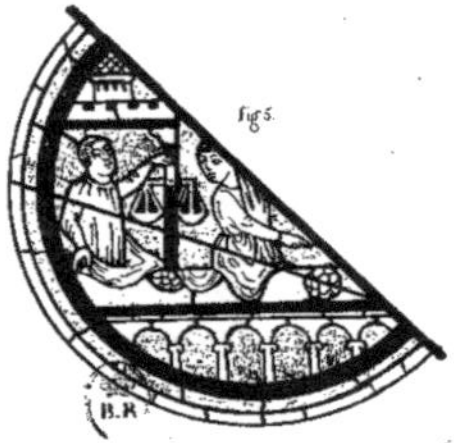

fig. 4.

fig. 5.

fig. 6.

Changeurs d'Or et d'Argent.

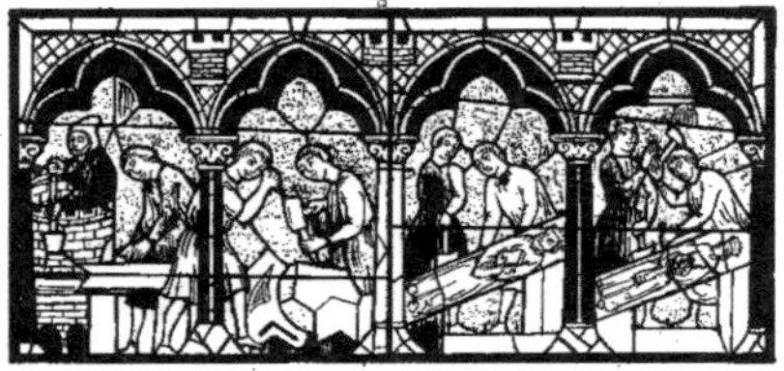

Tailleurs de pierres.

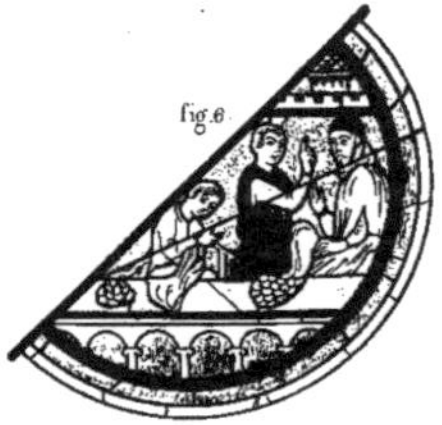

Sculpteurs Statuaires.

Changeurs d'Or et d'Argent.

ARTS ET MÉTIERS

Cathédrale de Chartres.

fig. 1.

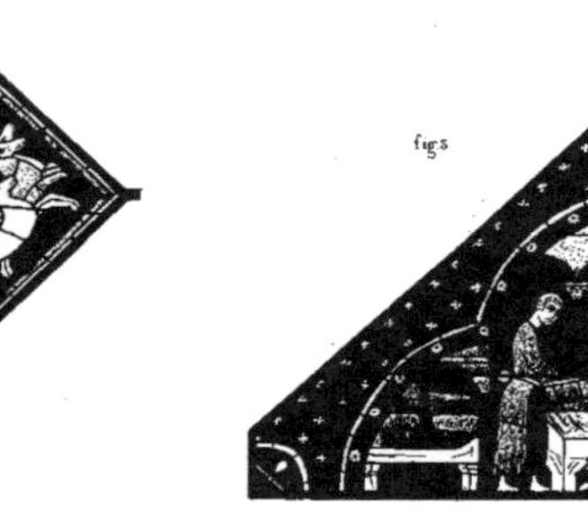

Chasseurs.

fig. 2.

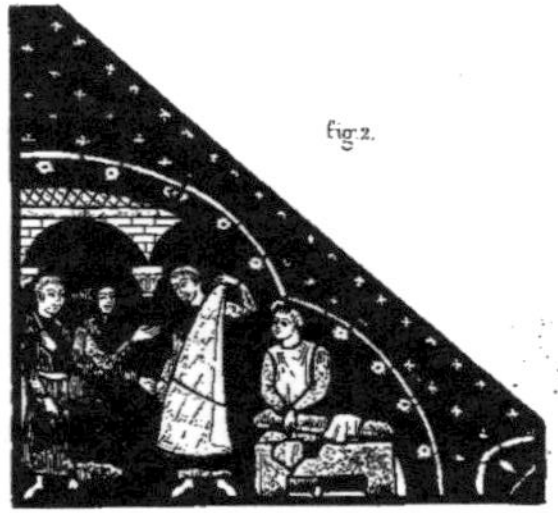

Marchand d'Aumusses.

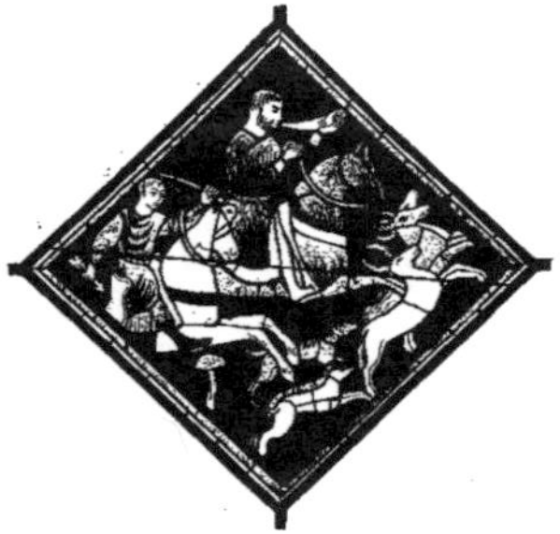

fig. 3.

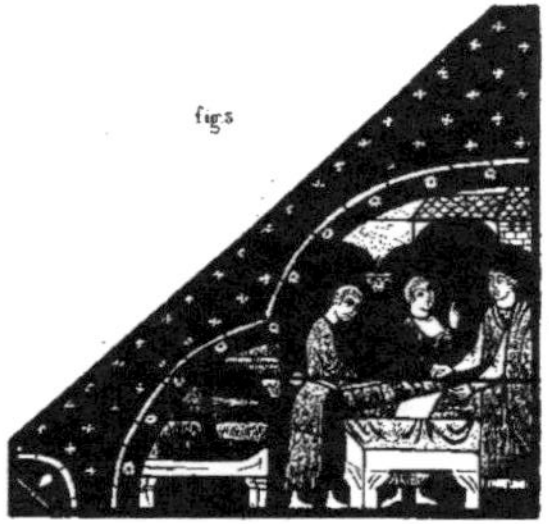

Marchand de Drap.

fig. 5.

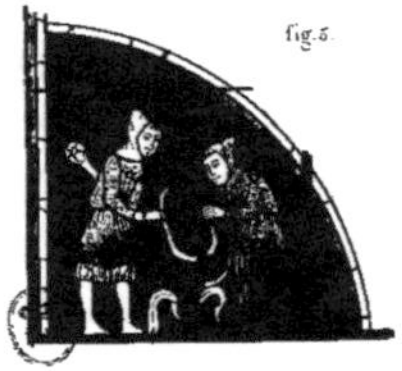

Vignerons.

fig. 4.

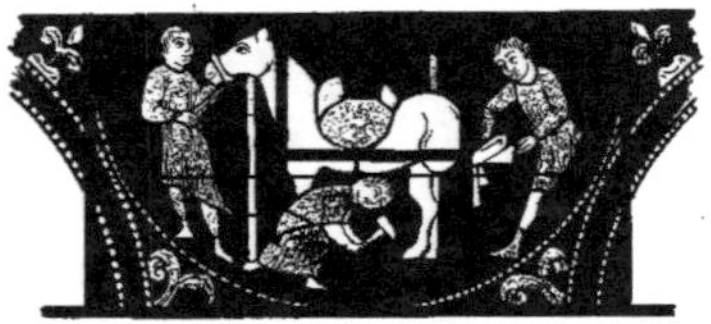

Maréchal Ferrant.

fig. 6.

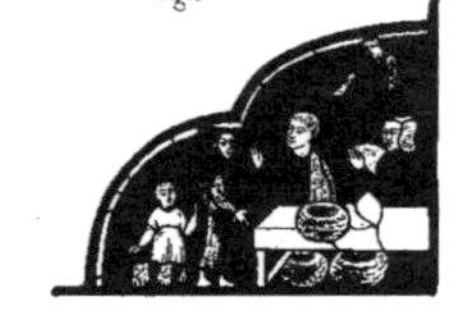

Vanniers.

ARTS ET MÉTIERS.

Cathédrale de Chartres.

Imp. de Lemercier, Benard et Cie.

Fig.1.

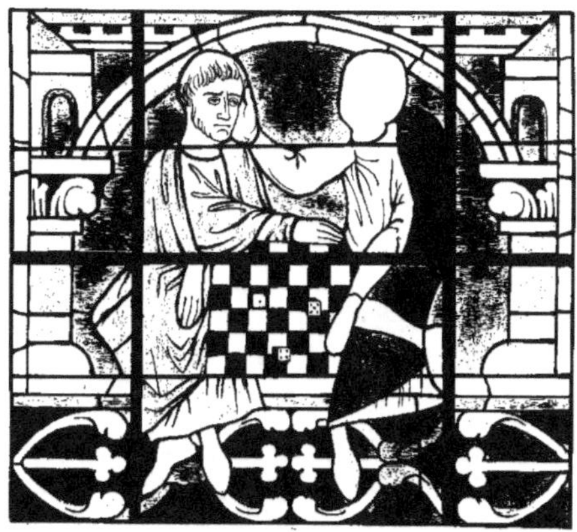

JEU DE TABLES.

Cathédrale de Bourges.

Fig.2.

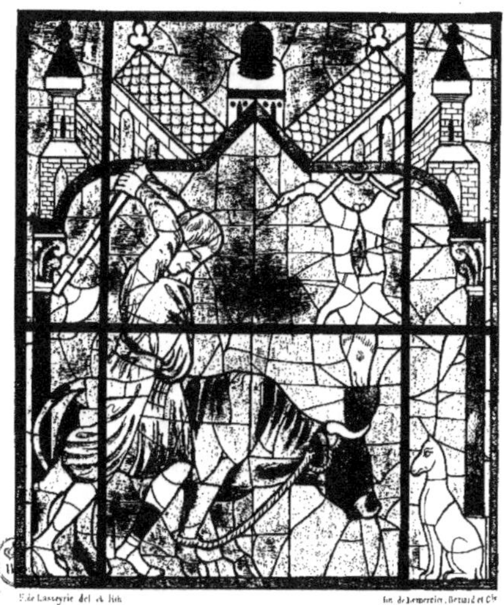

BOUCHER ASSOMMANT UN BŒUF.

Cathédrale de Chartres.

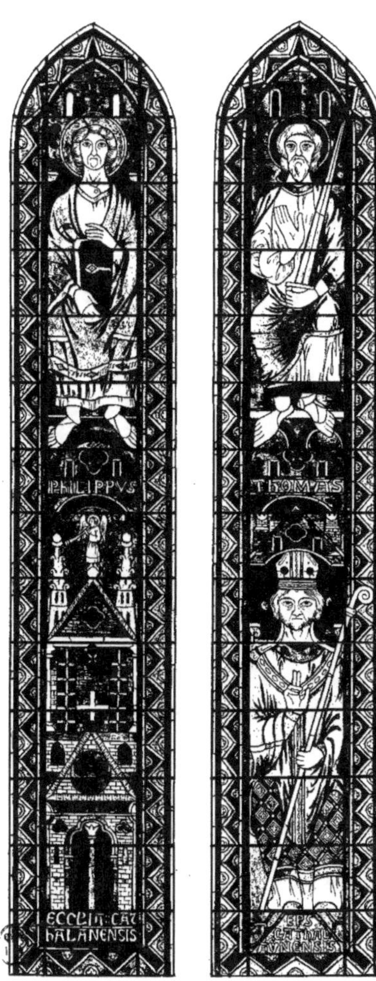

EVÊQUE SUFFRAGANT ET SON ÉGLISE.

S. PHILIPPE ET S. THOMAS, APÔTRES.

Cathédrale de Reims.

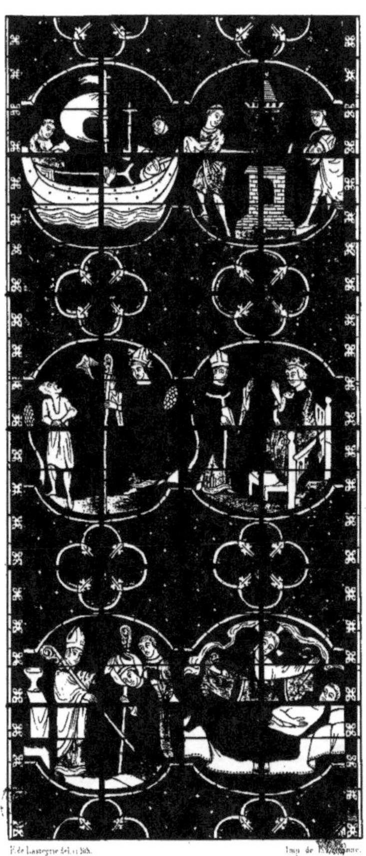

LÉGENDE DE St MARTIN.

Cathédrale de Tours.

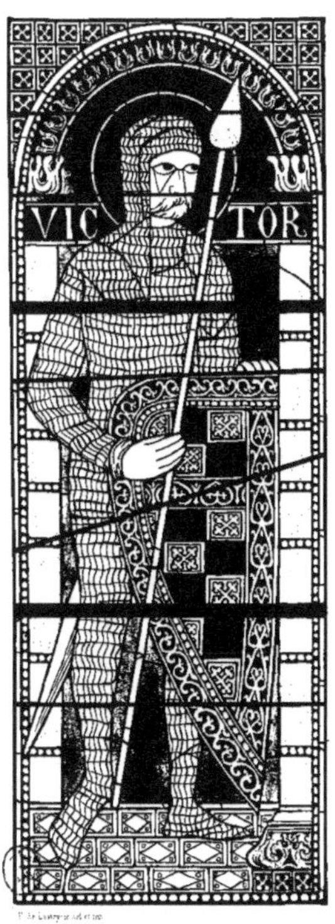

St VICTOR.

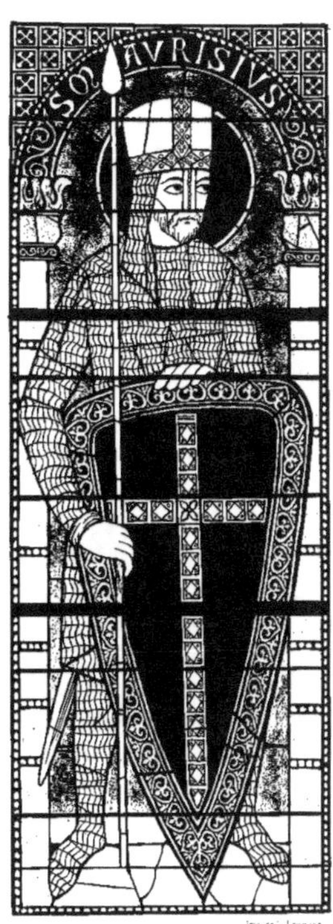

St MAVRICE.

COSTUMES GUERRIERS

Cathédrale de Strasbourg.

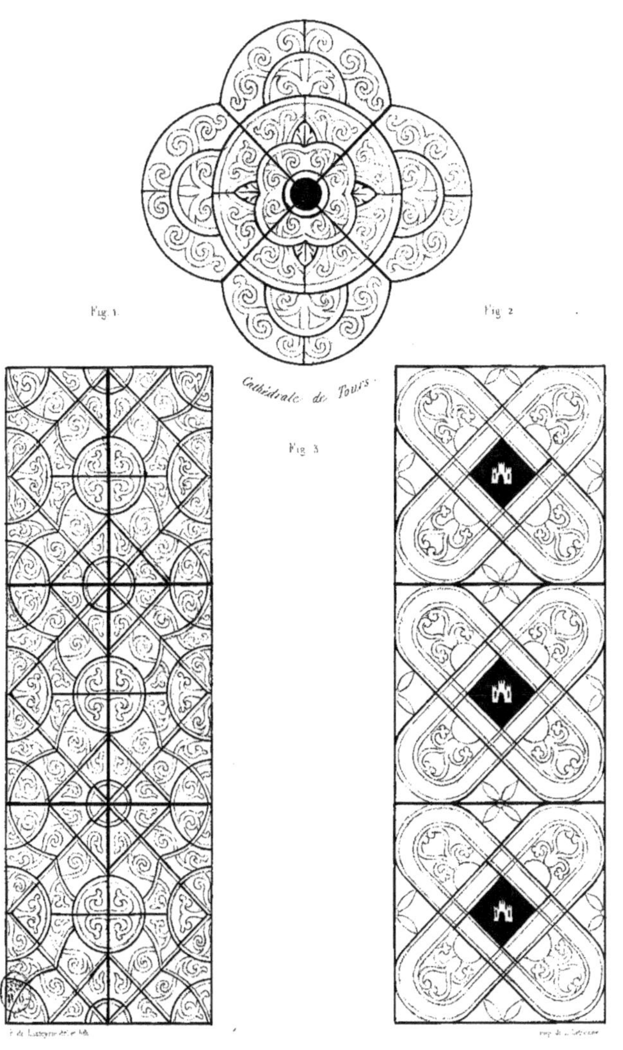

Fig. 1   Fig. 2

Cathédrale de Tours.

Fig. 3

St.ᵉ Radegonde de Poitiers.   St. Pierre de Chartres.

LACIS ET ENTRELAS

EN GRISAILLES.

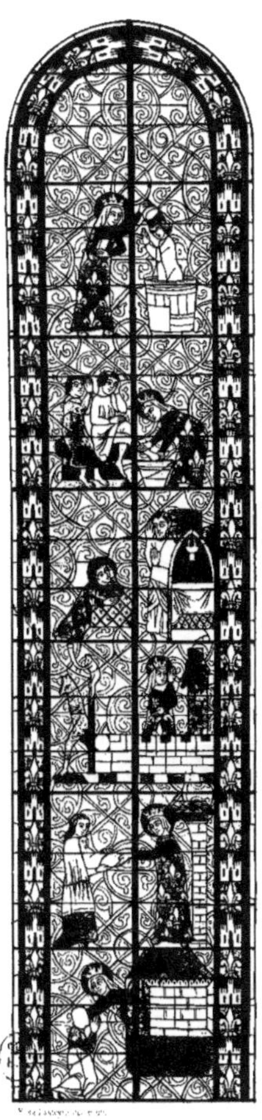 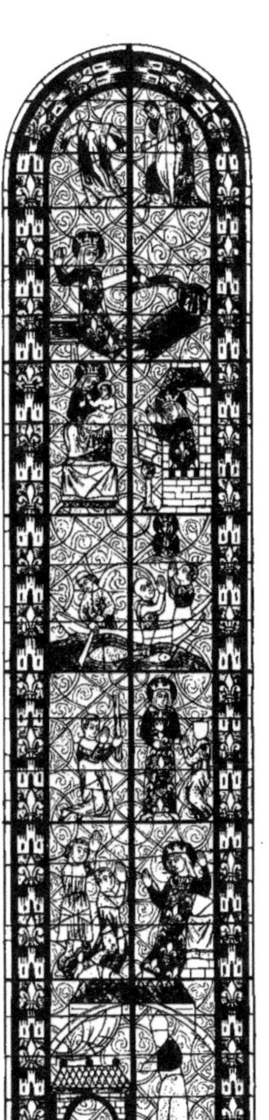

HISTOIRE DE Sᵗᵉ RADEGUNDE.

Eglise de Sᵗᵉ Radegunde, à Poitiers.

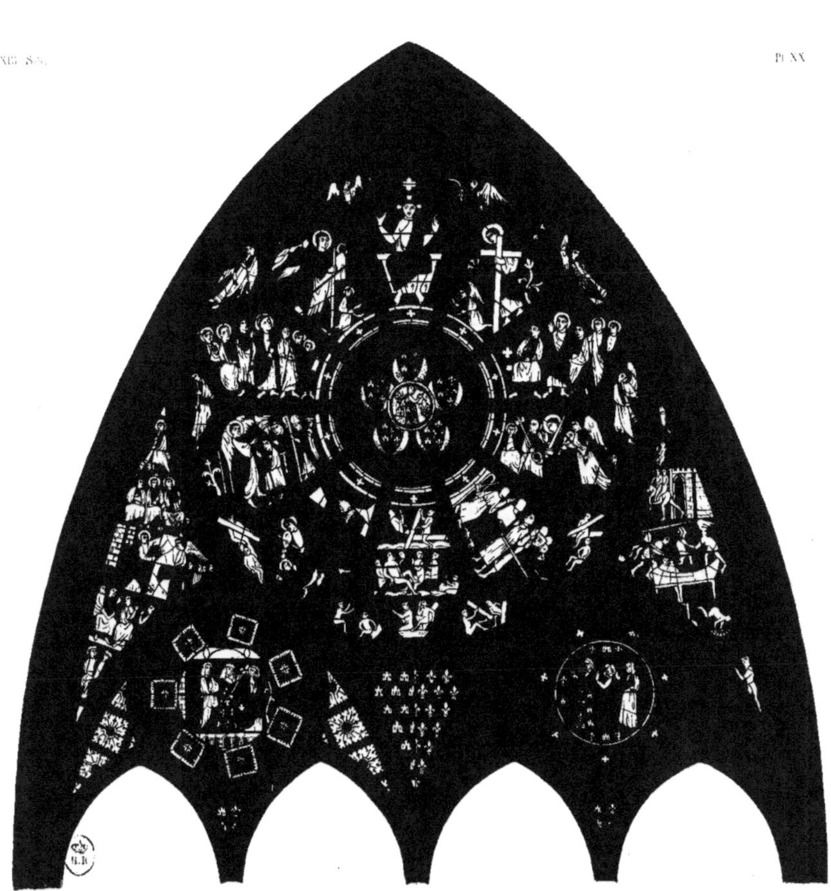

St. Radegonde de Poitiers.

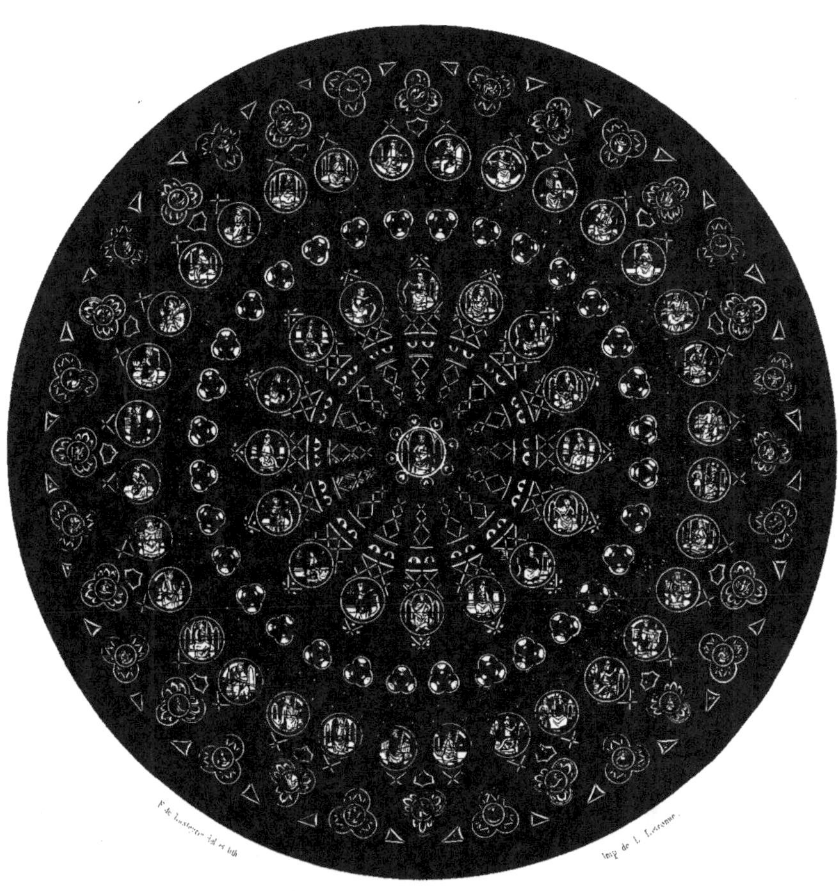

NOTRE-DAME DE PARIS.

Rose septentrionale.

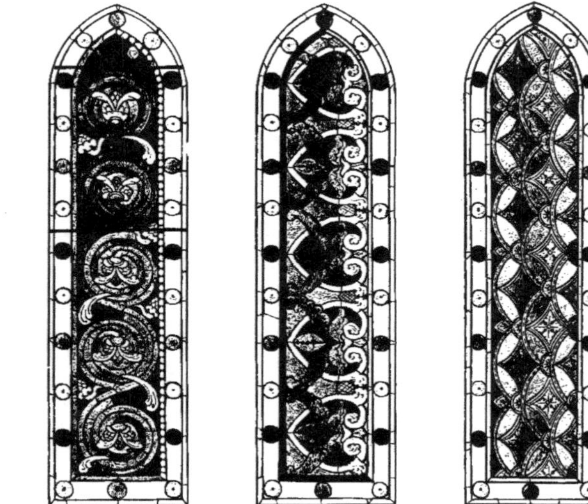

PARTIES DE GALERIE VITRÉE,

Cathédrale de Châlons-sur-Marne.

Fig. 1.

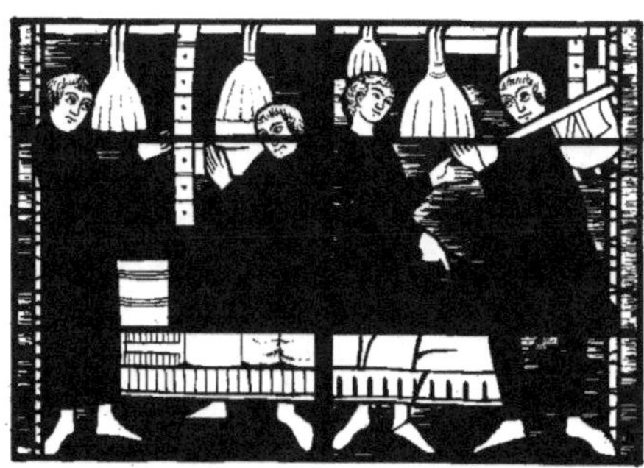

BOUTIQUE D'ÉPICIER.

Fig. 2.

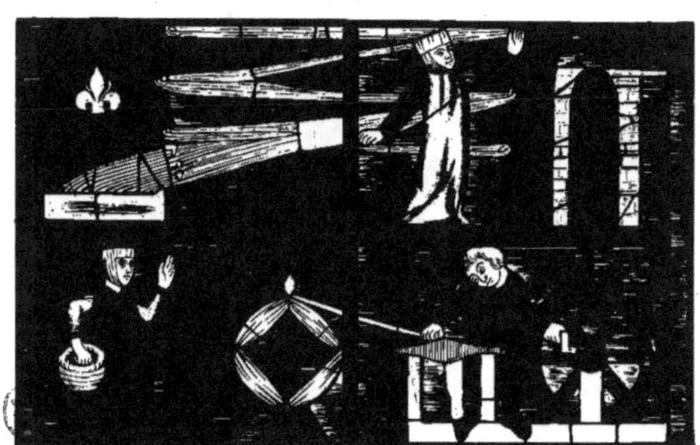

ATELIER DE FILATURE.

Cathédrale d'Amiens.

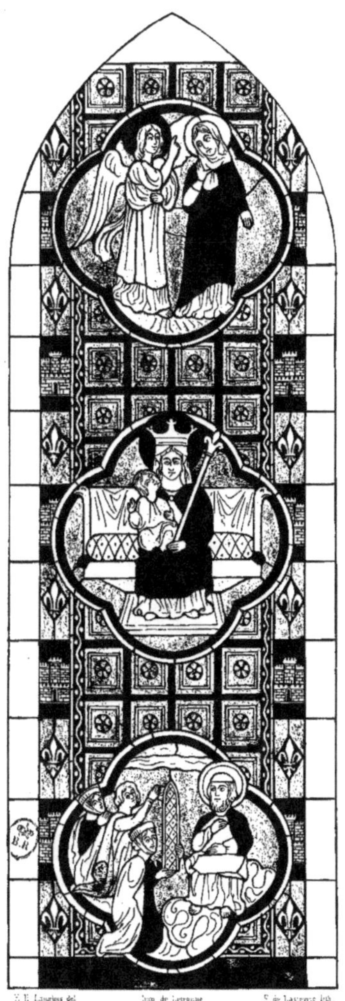

VERRIÈRE DE MOULINEAUX,

près Rouen.

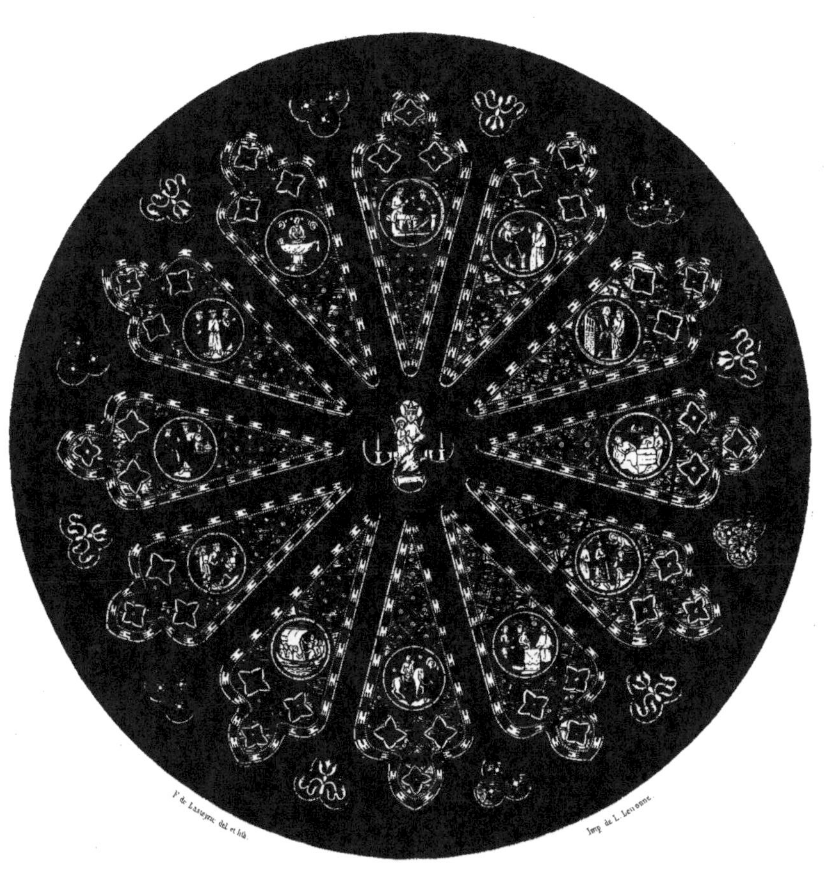

ROSE DE SOISSONS.

Transept du Nord.

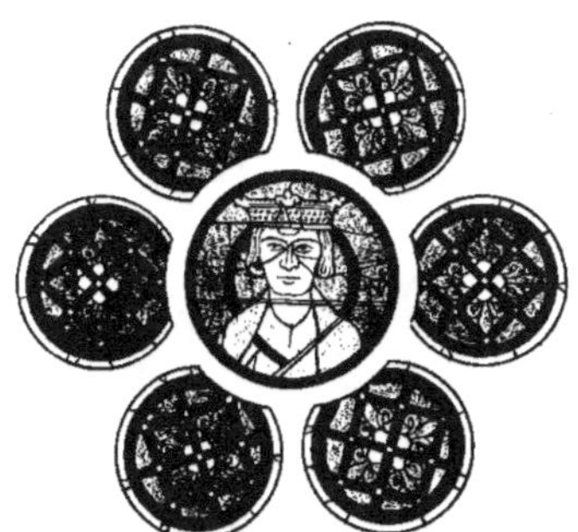

TÊTE DE ROI.

Cathédrale de Soissons.

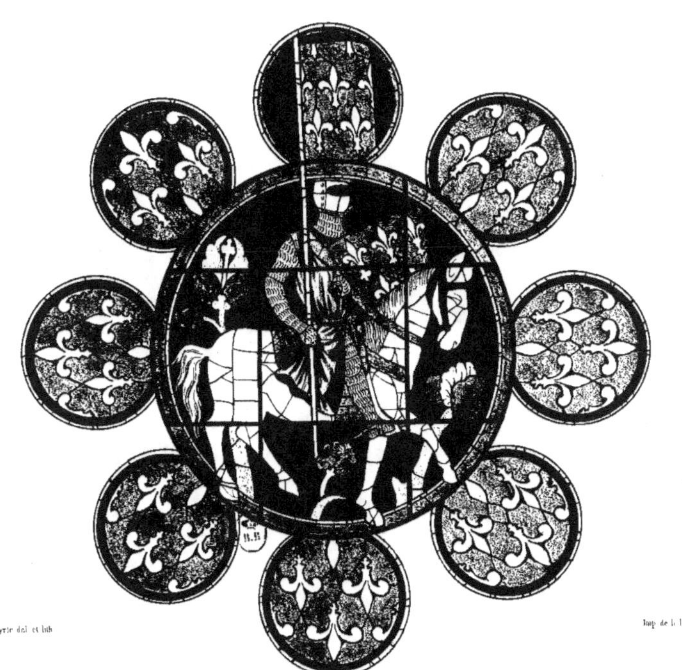

LE ROI SAINT LOUIS.

Cathédrale de Chartres.

F. de Lasteyrie del. et lith.

Imp. de L. Letronne

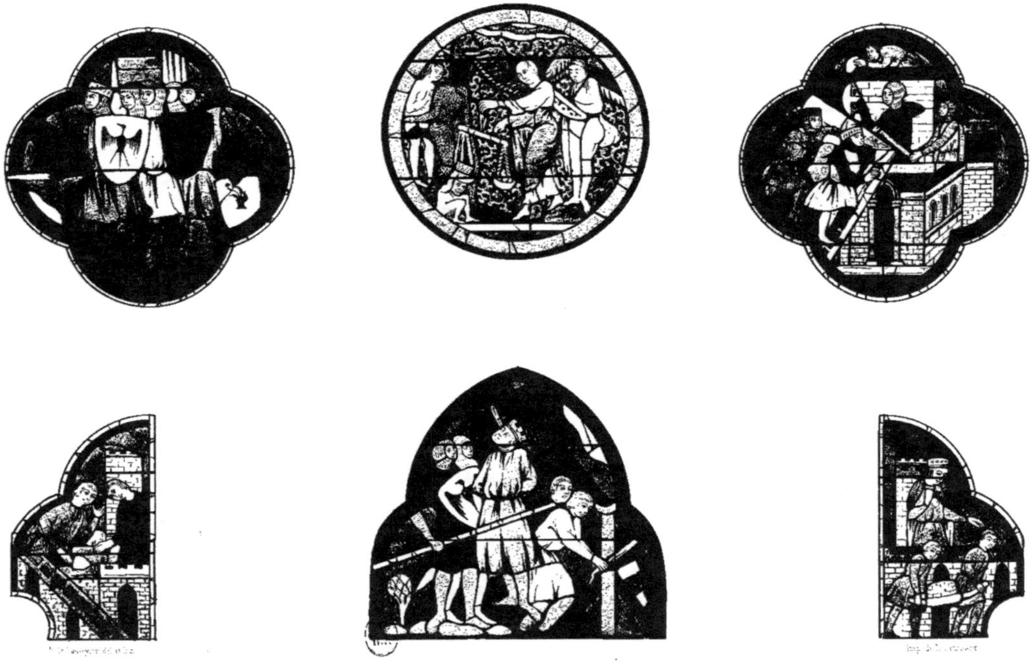

FRAGMENS DE LA Sᵗᵉ CHAPELLE.

(Paris.)

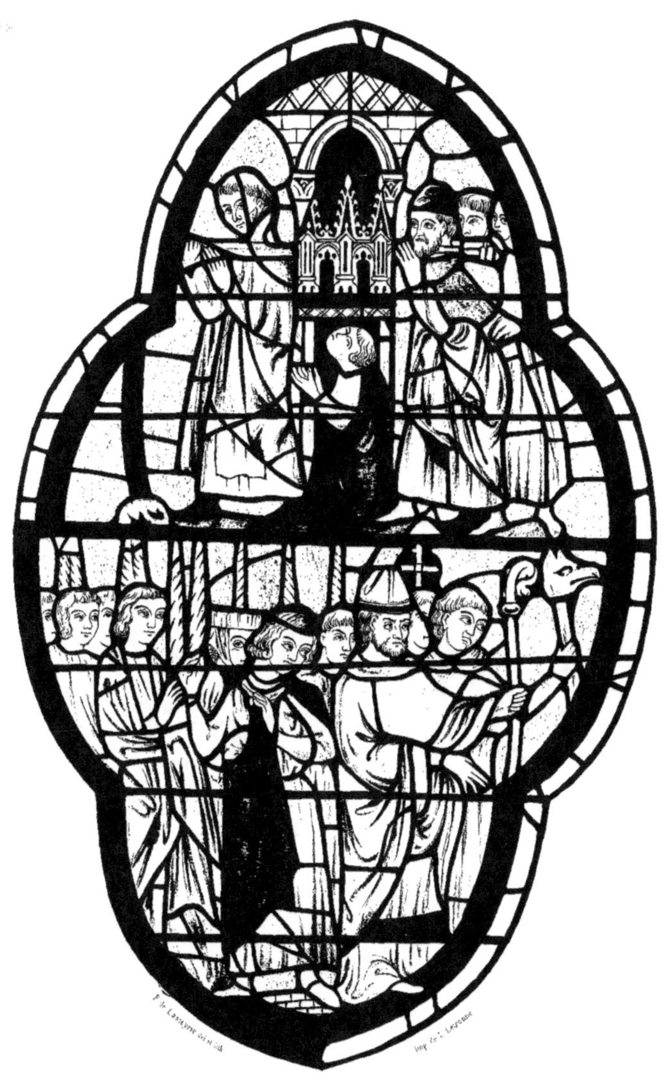

PROCESSION DES RELIQUES.

Ste Chapelle de Paris.

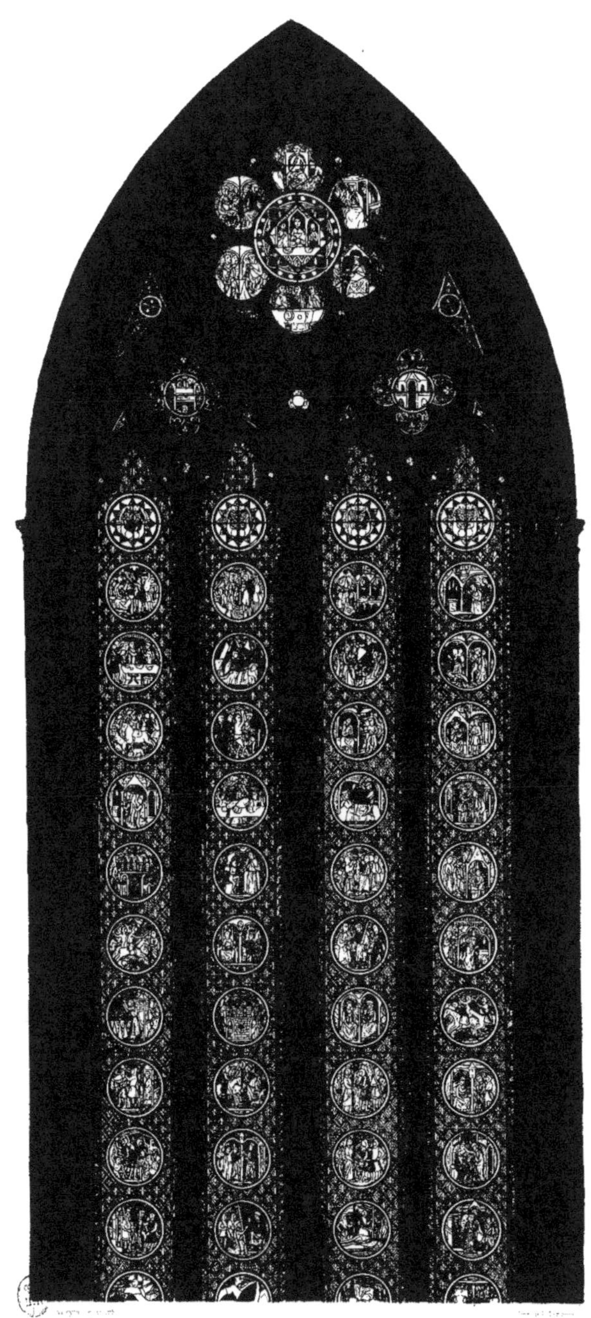

HISTOIRE DE JUDITH.

S.te Chapelle de Paris.

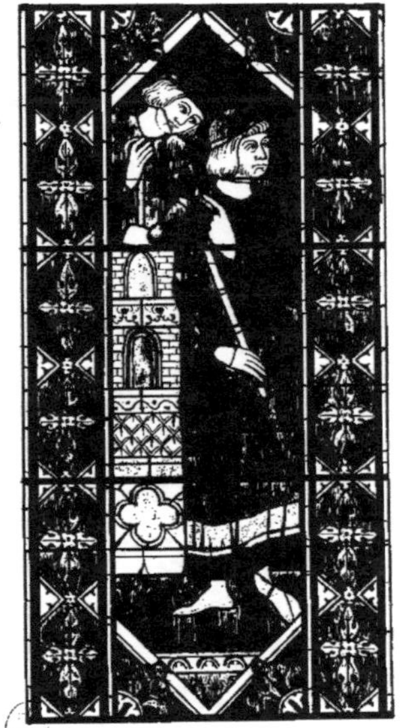

Reconstruction de la Cathédrale
de Troyes.

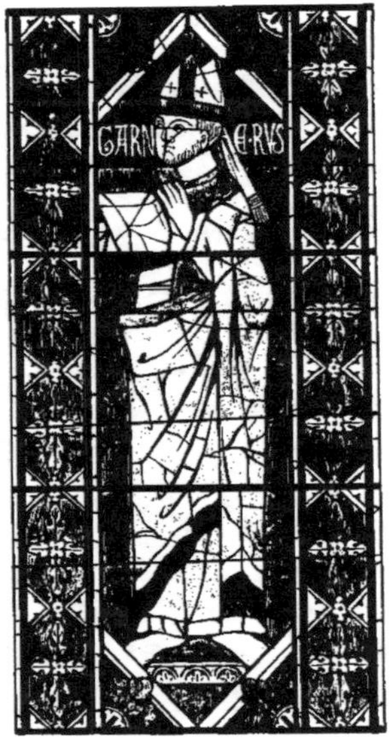

GARNIER DE TRAISNEL,
Évèque de Troyes.

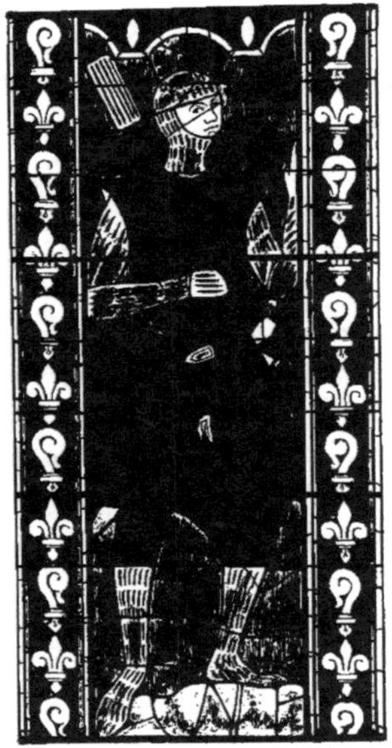

Vitrail fondé par l'Évèque
Jean de Brie.

CATHÉDRALE DE TROYES.

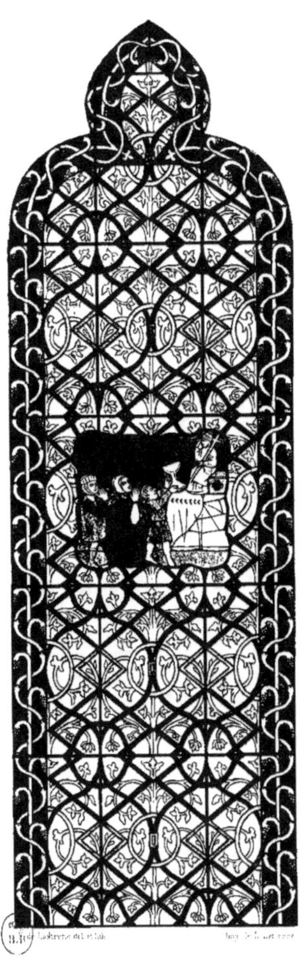

VERRIÈRE DE St URBAIN,

à Troyes.

Fig. 1

Fig. 2

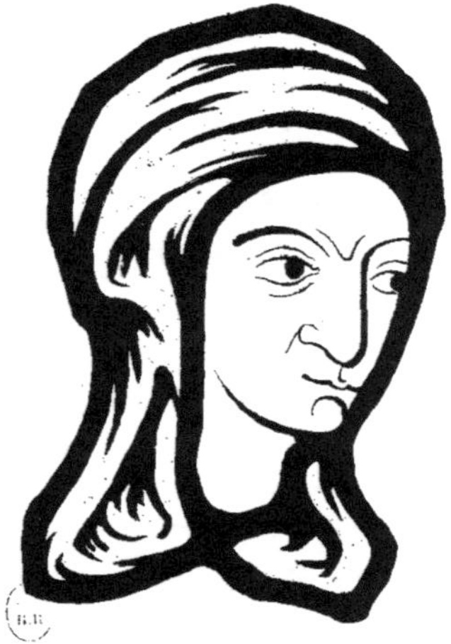

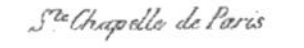

F. de Lasteyrie del. et lith.

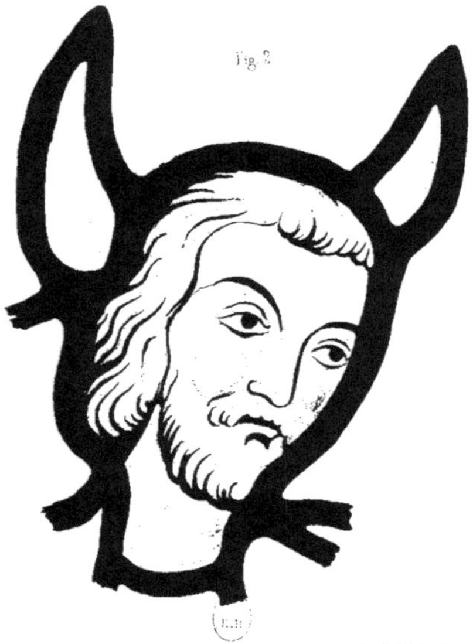

imp. de L. Letronne.

Cathédrale de Bourges.

Ste Chapelle de Paris

TYPES DE FIGURES,

TREIZIÈME SIÈCLE

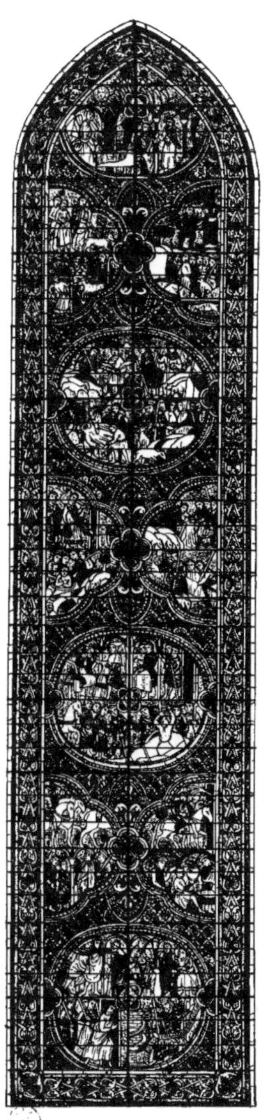

HISTOIRE LÉGENDAIRE DE JOSEPH,

PEINTE PAR CLEMENT DE CHARTRES.

Cathédrale de Rouen.

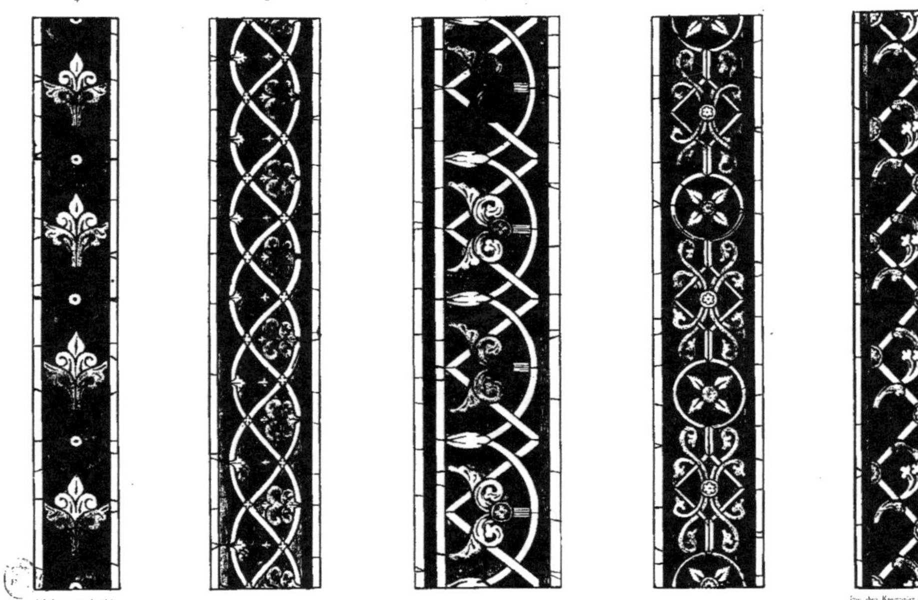

MODÈLES DE BORDURES,

Cathédrale de Chartres

1308.

1310.

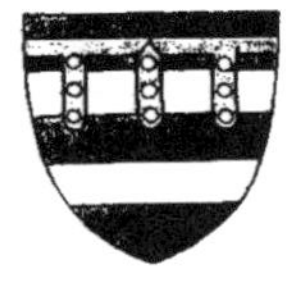

JEAN DE MANTE

ABBÉ DE SAINT PÈRE.

St. Pierre de Chartres.

GUILLAUME DE HARCOURT

GRAND QUEUX DE FRANCE.

Cathédrale d'Évreux.

1316.

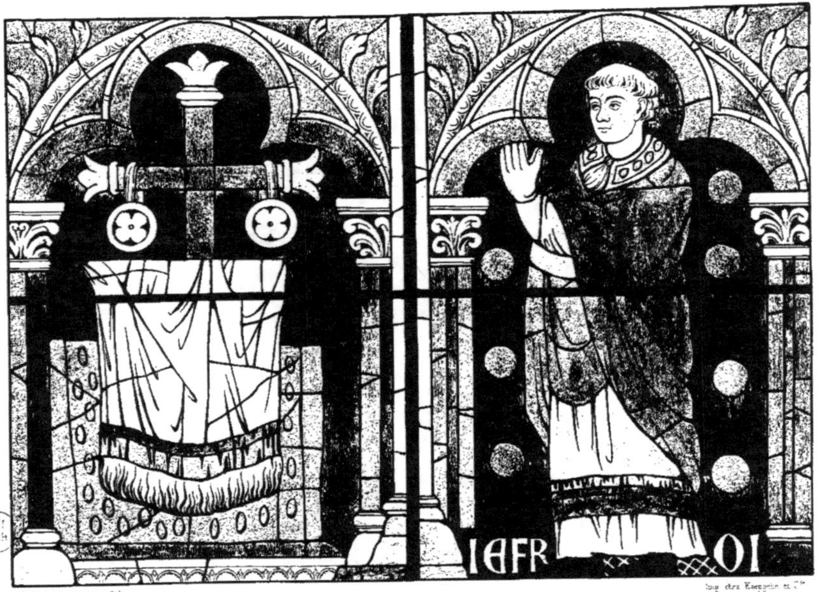

P. de Lasteyrie del. et lith.

Imp. chez Kaeppelin et Cⁱᵉ

GEOFFROY,

RESTAURATEUR DES VITRES DE CHARTRES.

Cathédrale de Chartres.

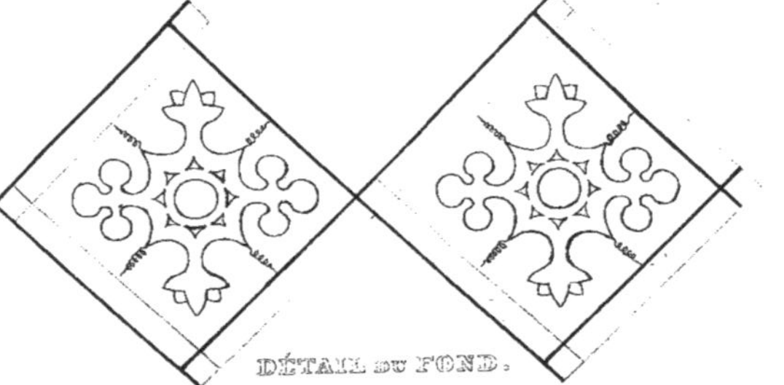

DÉTAIL DU FOND.

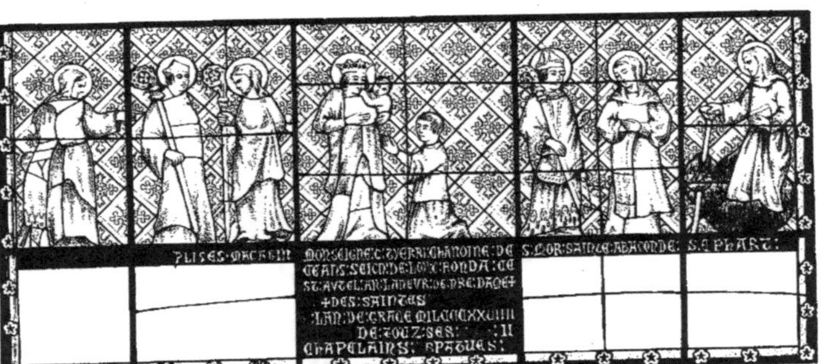

E. de Lasteyrie del. et lith.   Imp. chez Lemercier et Cie

VERRIÈRE A FIGURES EN GRISAILLE,

FONDÉE EN 1328 PAR LE CHANOINE THIERRY.

Cathédrale de Chartres.

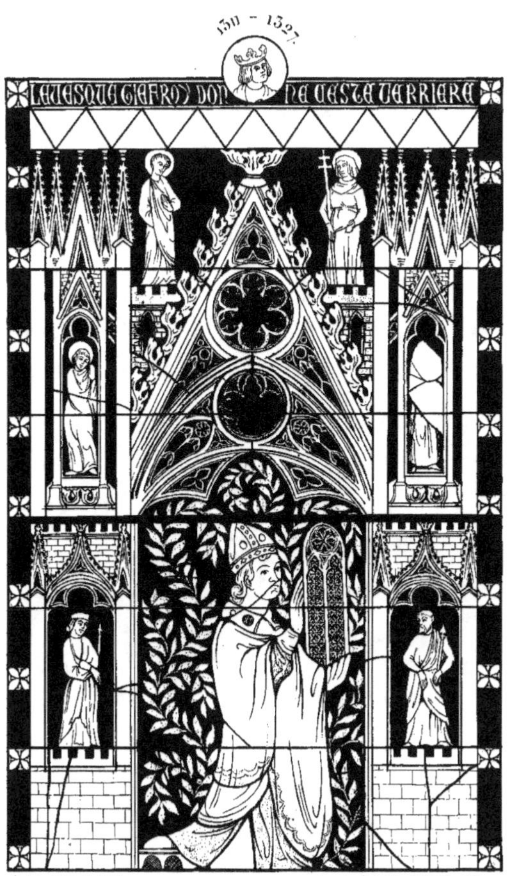

GÉOFFROY II, ÉVÊQUE D'ÉVREUX.

Cathédrale d'Évreux.

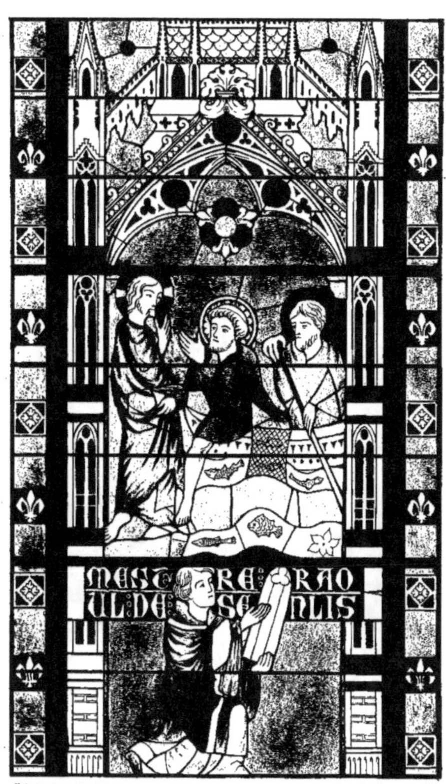

S.ᵗ PIERRE MARCHANT SUR LES EAUX,

VITRAIL FONDÉ PAR RAOUL DE SENLIS.

Cathédrale de Beauvais.

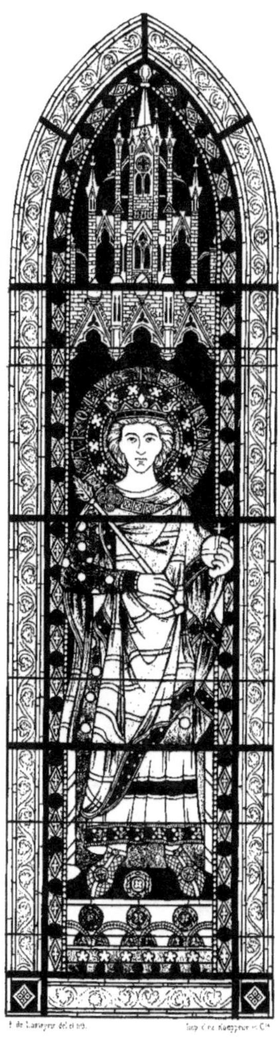

LE ROI CHARLES-LE-JEUNE,

ATTRIBUÉ A JEAN DE KIRCHEIM.

Cathédrale de Strasbourg.

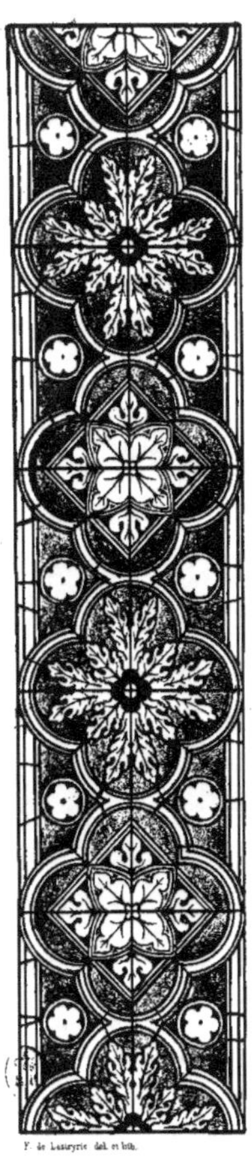

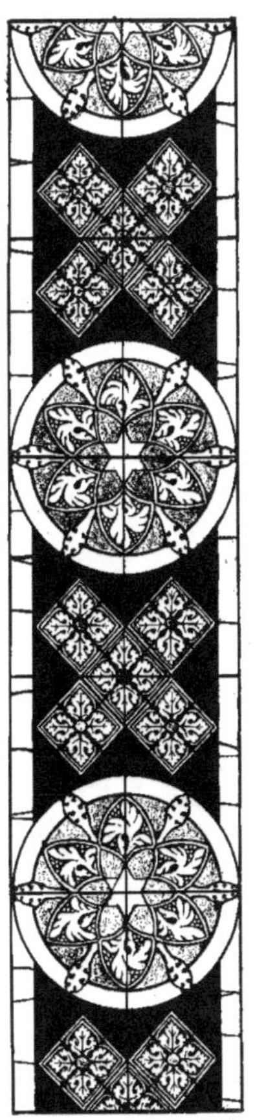

FRAGMENS DÉTACHÉS D'ORNEMENS

Eglise St Thomas de Strasbourg.

Eglise S.ᵗ Thomas de Strasbourg.

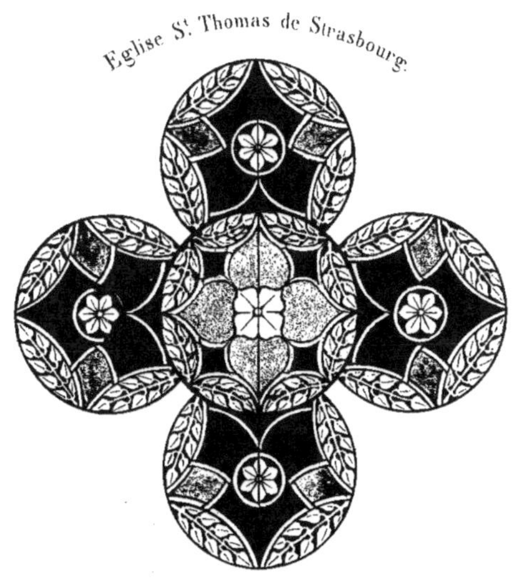

Cathédrale de Toul.

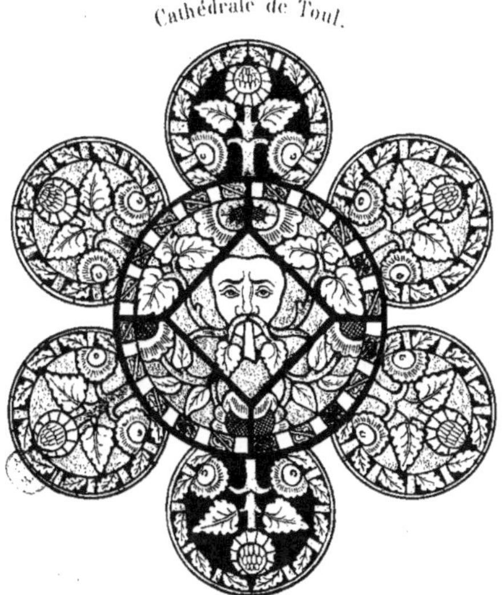

MODÈLES DE ROSES D'ORNEMENS.

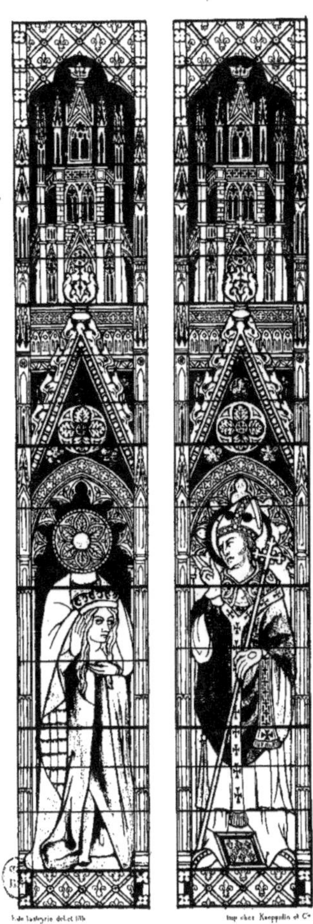

St. VALERIE & St. MARTIAL.

PATRONS DE L'AQUITAINE.

Cathédrale de Limoges.

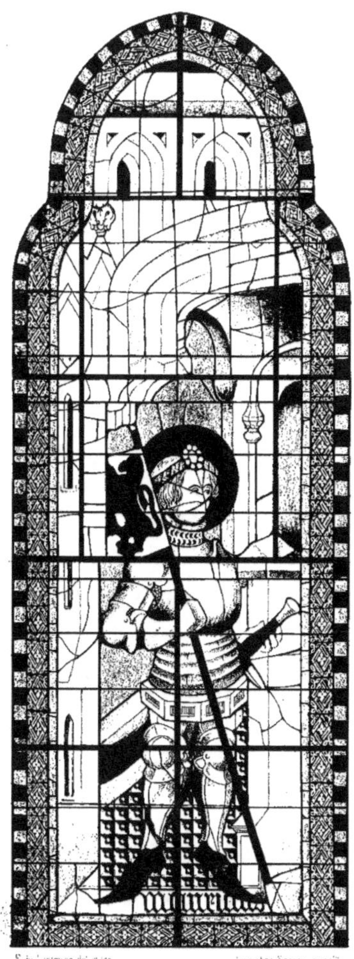

COSTUME GUERRIER.

St MAURICE)

Cathédrale de Lyon.

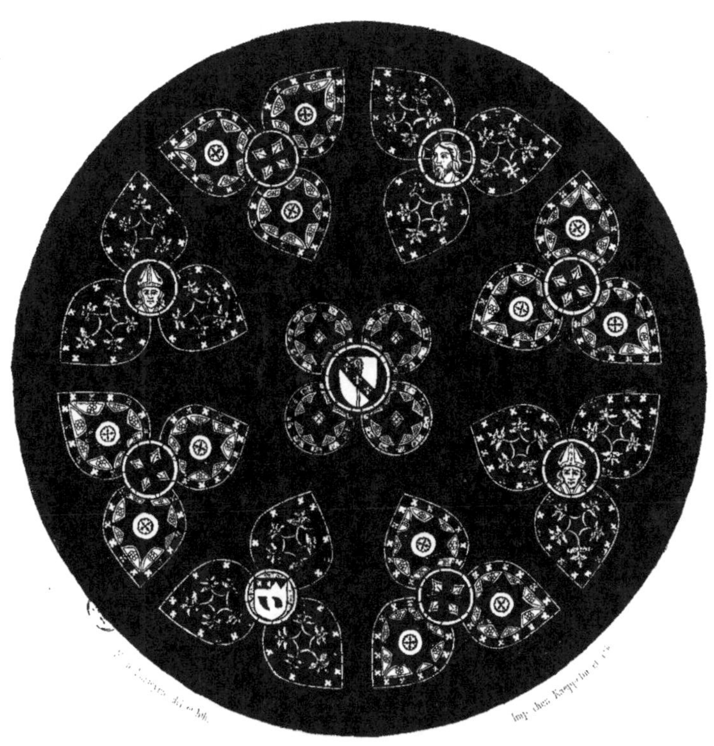

ROSE FONDÉE PAR PIERRE RODIER,

CHANCELIER DE FRANCE, ET ÉVÊQUE DE CARCASSONNE.

Église S.ᵗ Nazaire, en la Cité de Carcassonne.

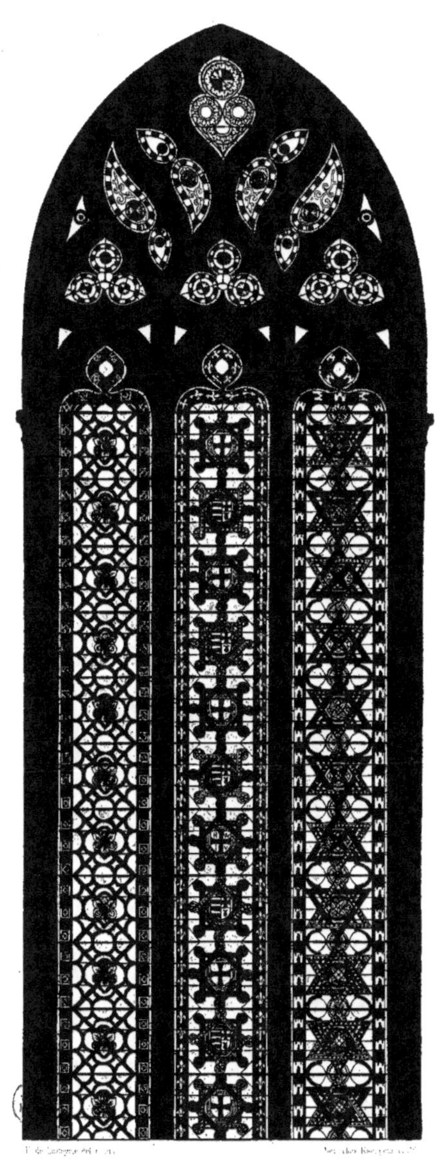

VERRIÈRE À ORNEMENS BLASONNÉS.

Cathédrale de Narbonne.

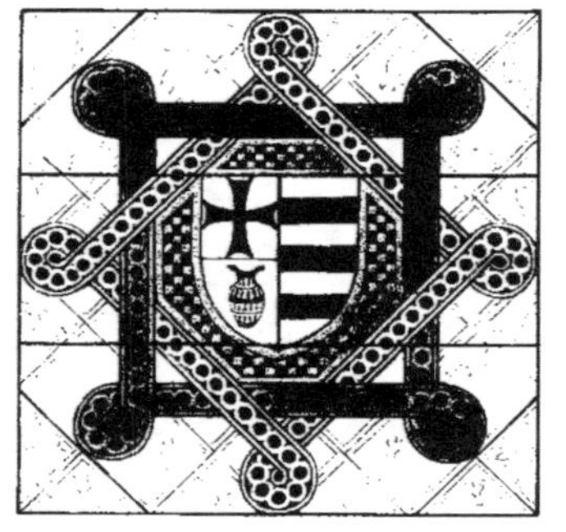

DÉTAILS DE BLASON et D'ORNEMENS.

Cathédrale de Narbonne.

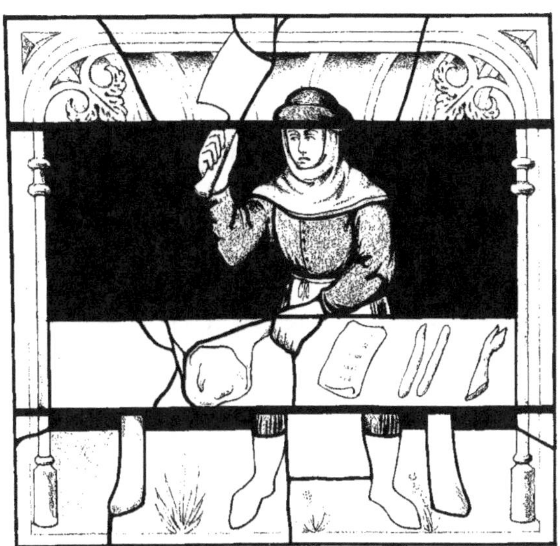

CHARCUTIER.

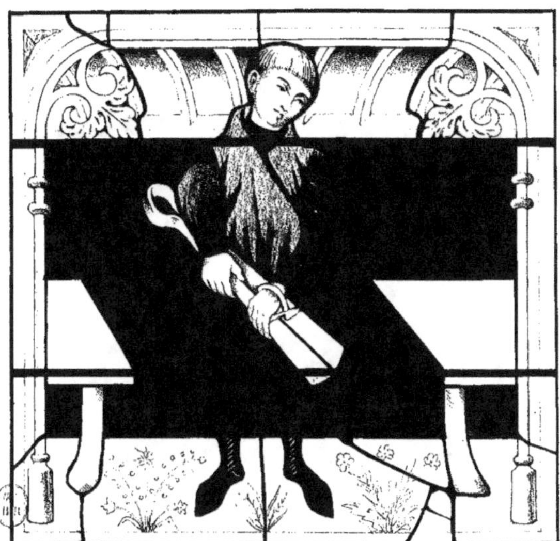

TONDEUR DE DRAP.

COSTUMES D'ARTISANS.

Église Notre-Dame de Semur.

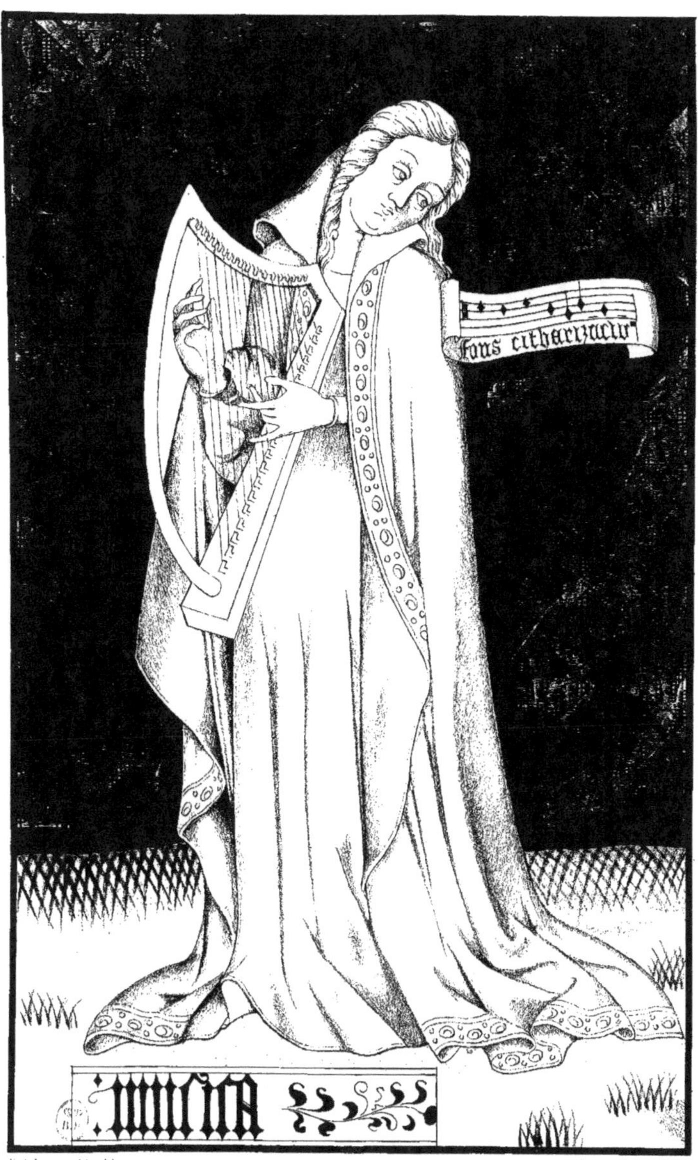

LA MUSIQUE

FIGURE PROVENANT DE LA CHAPELLE St PIAT

Cathédrale de Chartres

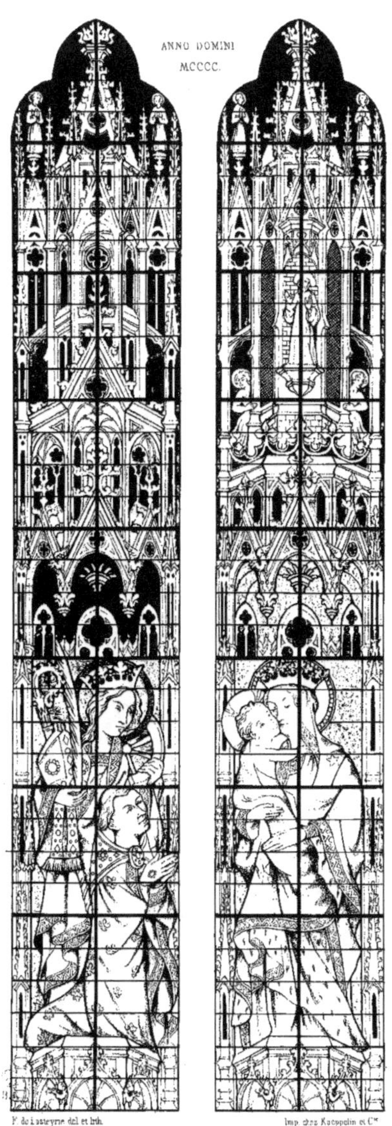

F. de Lasteyrie del et lith.   Imp. chez Kaeppelin et Cᵉ

VERRIÈRE OFFERTE POUR LE JOYEUX AVÈNEMENT

DE GUILLAUME DE CANTIERS.

Cathédrale d'Evreux.

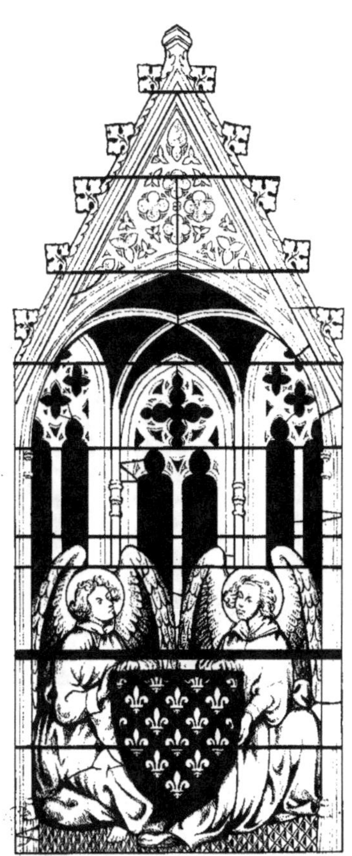

ÉCU DE JEAN DE BERRY.

VITRAIL PROVENANT DE LA Sᵗᵉ CHAPELLE DE BOURGES,

Cathédrale de Bourges.

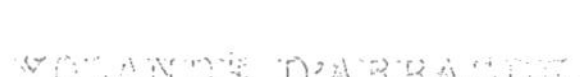

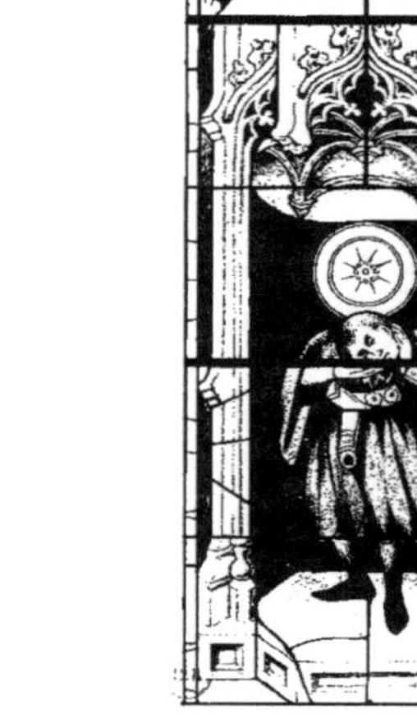

GILLAT BAUDOCHE,

ÉCUYER MESSIN.

Église Ste Ségolène à Metz.

SAINT MYTRE,

APOTRE DE LA VILLE D'AIX

Cathédrale d'Aix.

YOLANDE D'ARRAGON,

MÈRE DU BON ROI RÉNÉ

St Aubin Cathédrale du Mans.

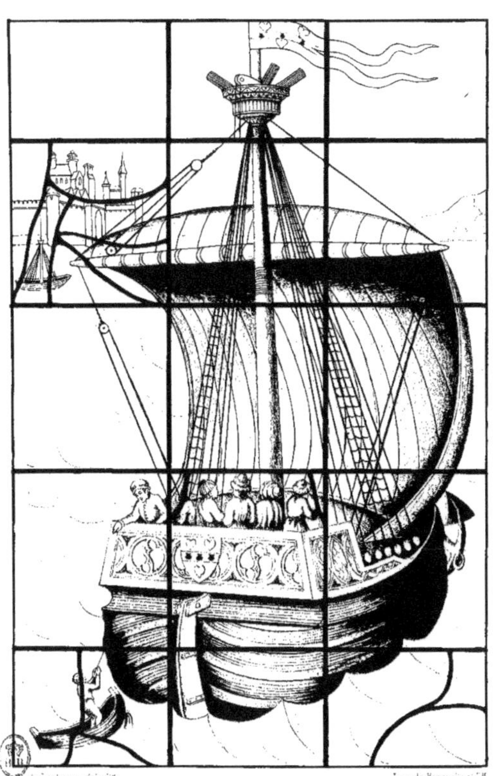

LE VAISSEAU DE JACQUES COEUR.

Musée de la Ville de Bourges.

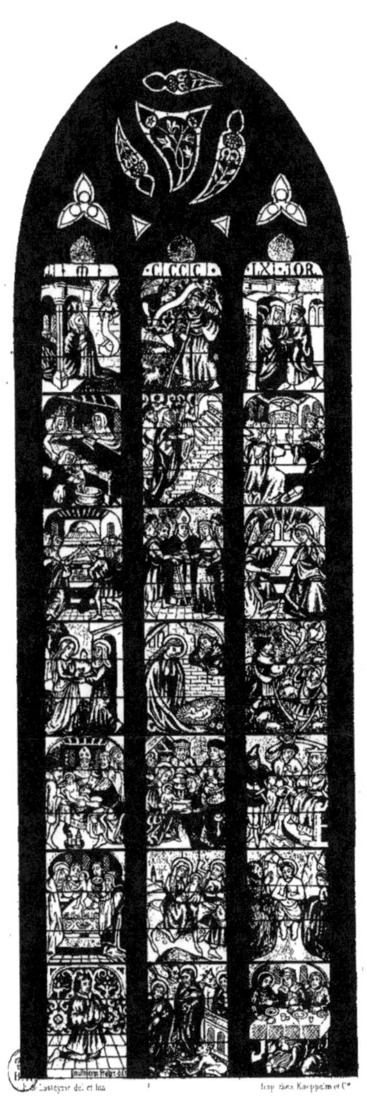

VERRIÈRE FONDÉE PAR LE SIRE DE MÜLNHEIM.

Église de Walbourg, près Haguenau.

(Bas-Rhin.)

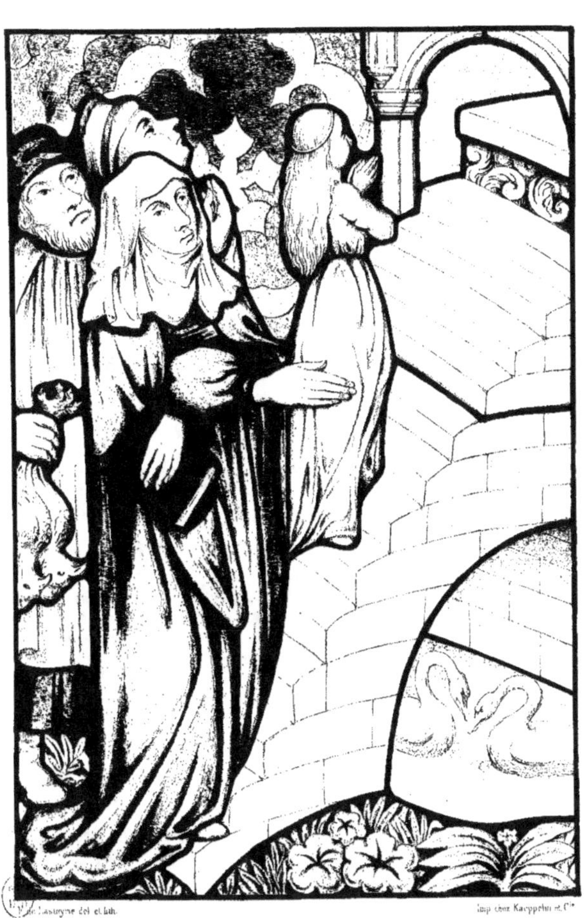

LA Sᵗᵉ VIERGE PRÉSENTÉE AU TEMPLE.

Église de Walbourg, près Haguenau,

(Bas-Rhin.)

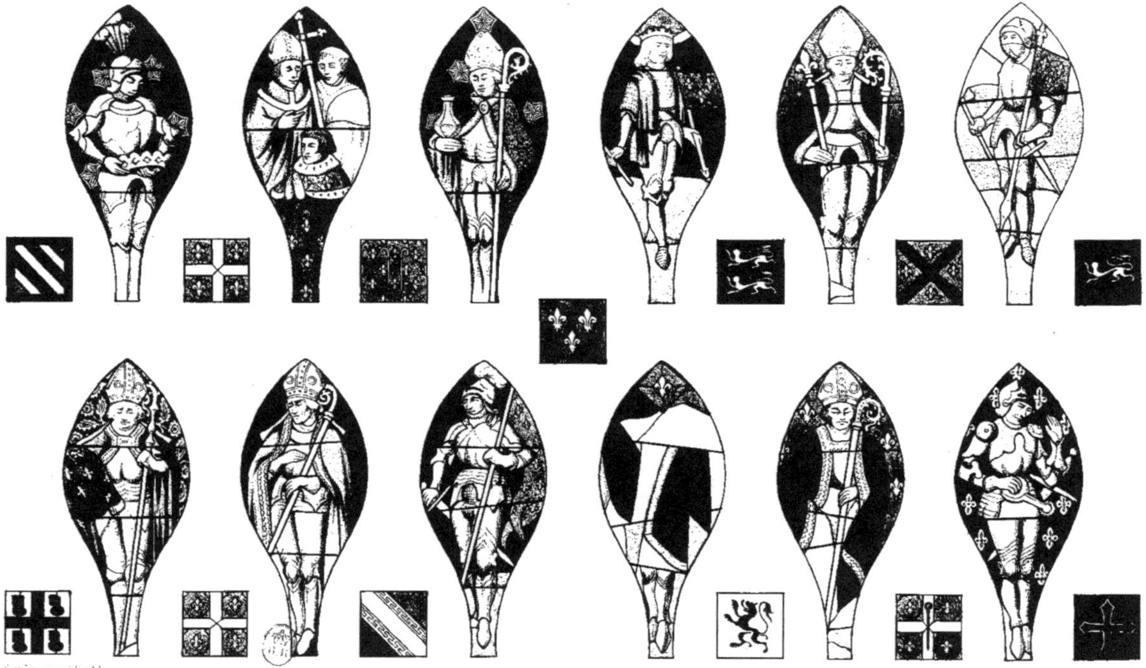

LES DOUZE PAIRS DU ROYAUME

ASSISTANT AU SACRE DE LOUIS XI

Cathédrale d'Evreux

F.ce de Lasteyrie del et lith

Imp. chez Kaeppelin et Cie

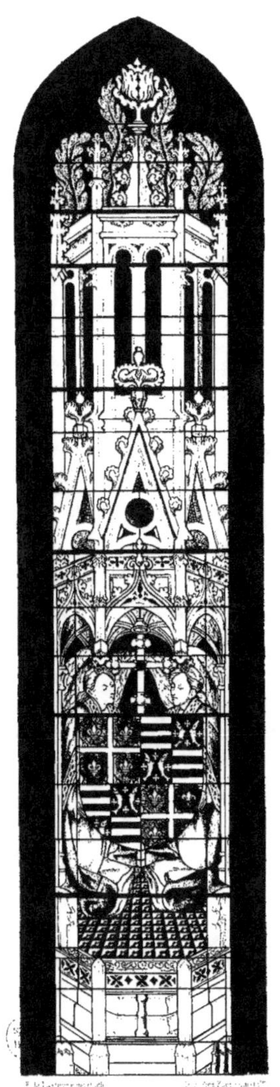

BLASON DE RENAUD DE CHARTRES,

ARCHEVÊQUE DE REIMS ET CHANCELIER DE FRANCE.

Cathédrale de Tours.

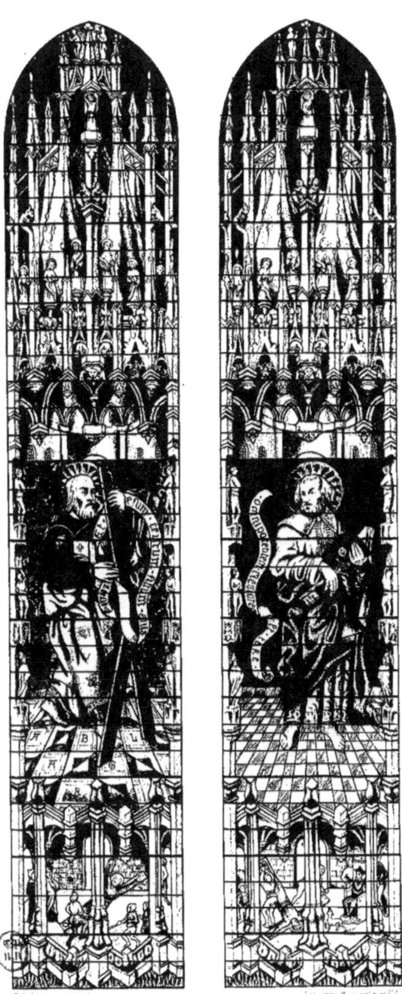

S.t ANDRÉ. S.t PIERRE.

Cathédrale de Metz.

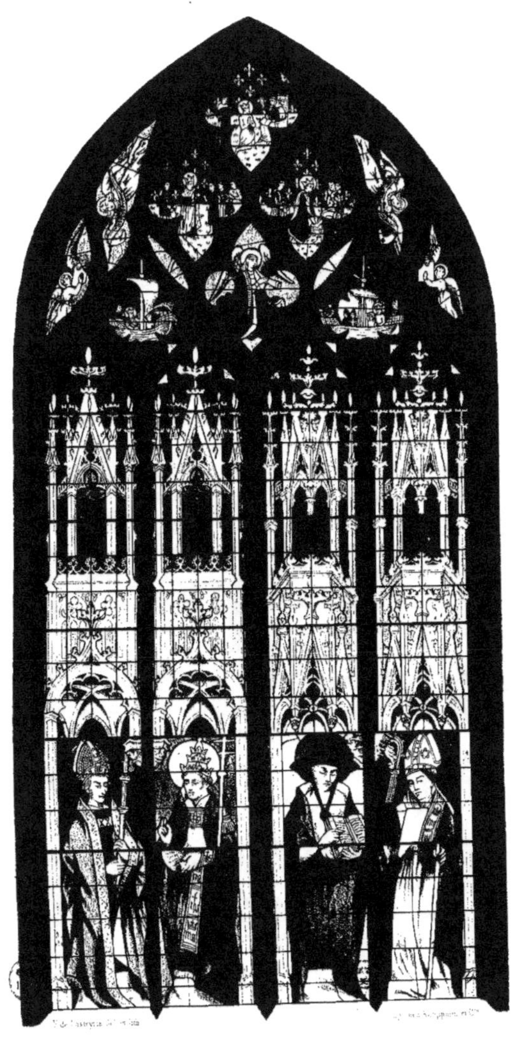

LES PÈRES DE L'ÉGLISE.

SAINTE CHAPELLE DE RIOM.

(Puy de Dôme.)

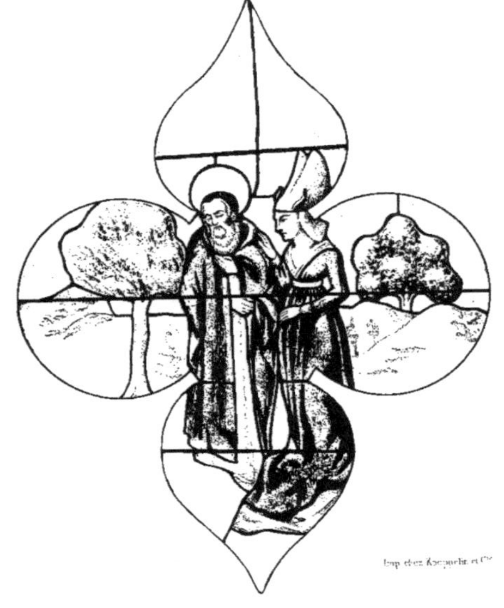

COSTUME DE CHASSE.

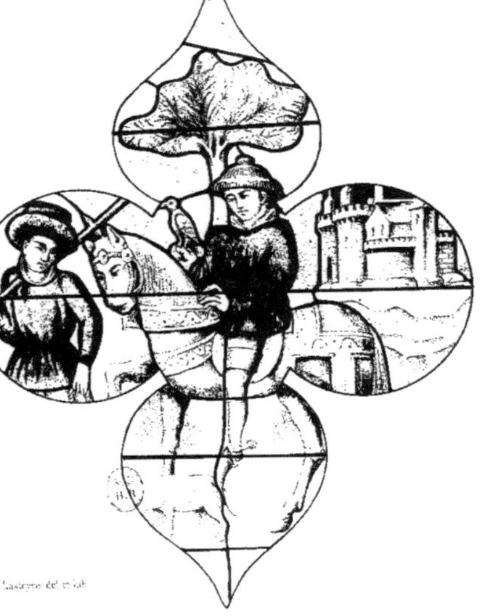

TENTATION DE St MARC.

SAINTE CHAPELLE DE RIOM.

(Puy-de-Dôme.)

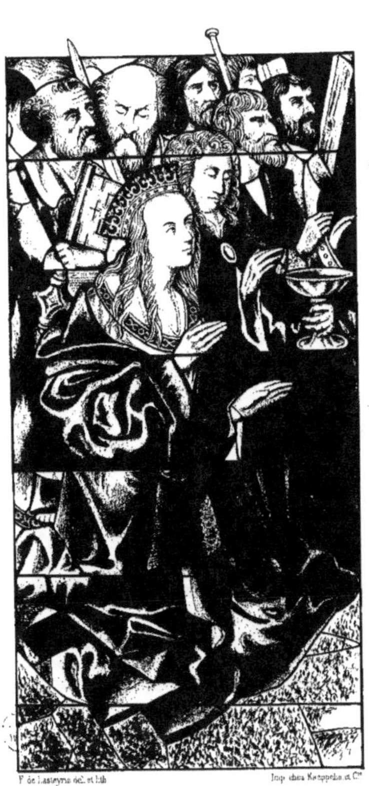

LA VIERGE ENTOURÉE DES APÔTRES,

Église Saint Vincent

à Rouen.

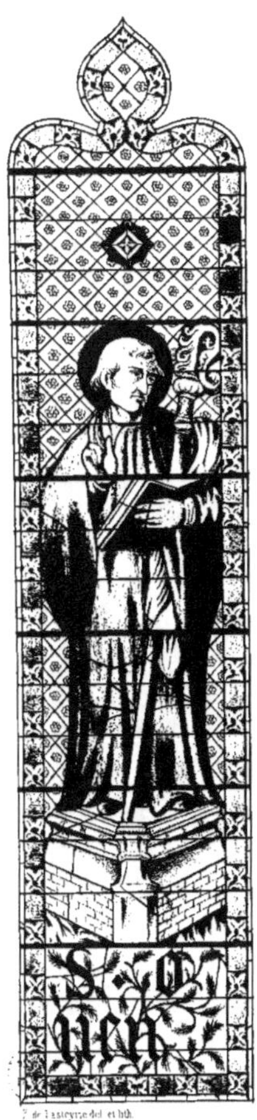

SAINT-OUEN

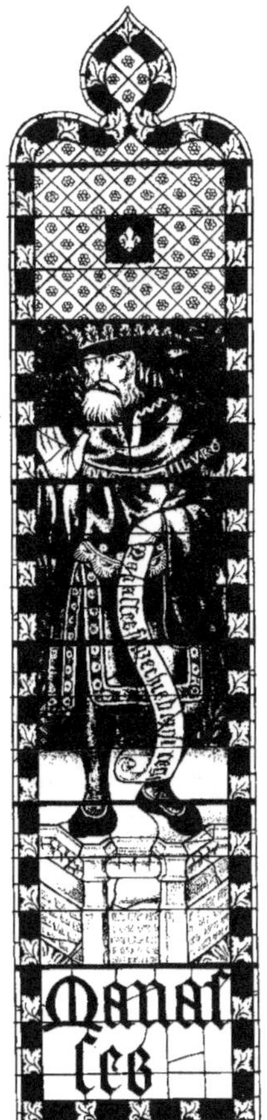

MANASSÈS.

Église Saint Ouen

à Rouen.

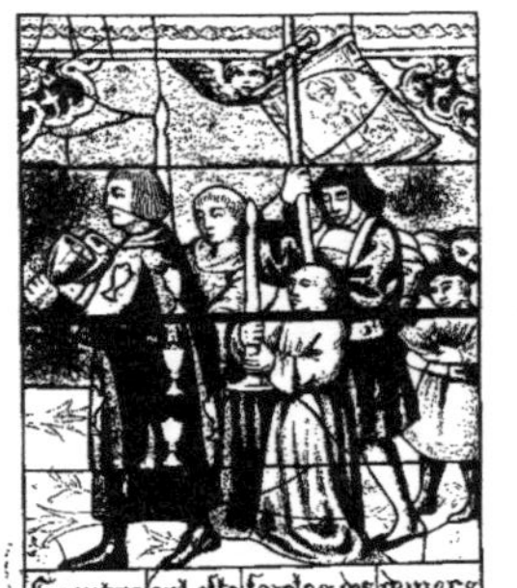

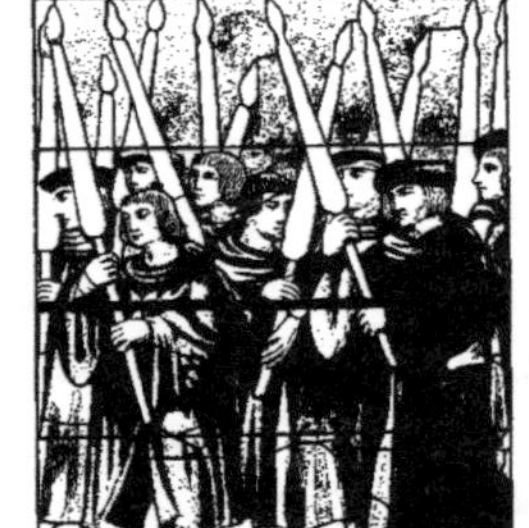

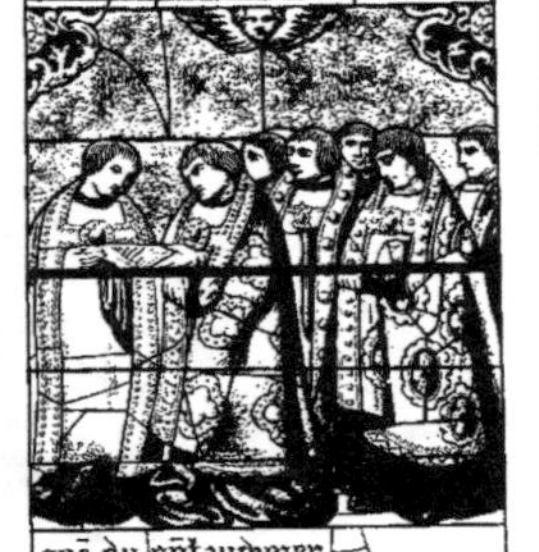

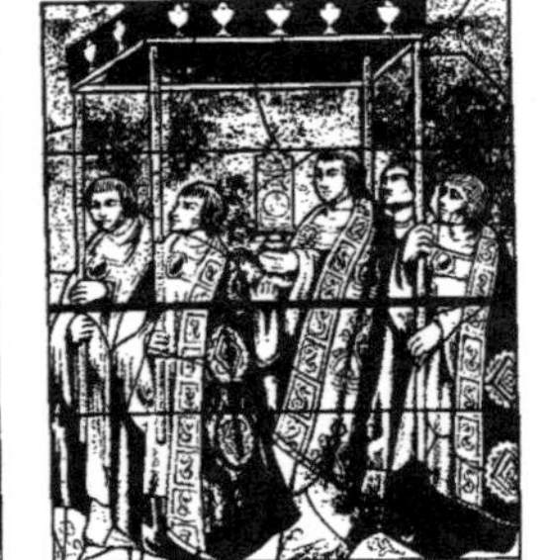

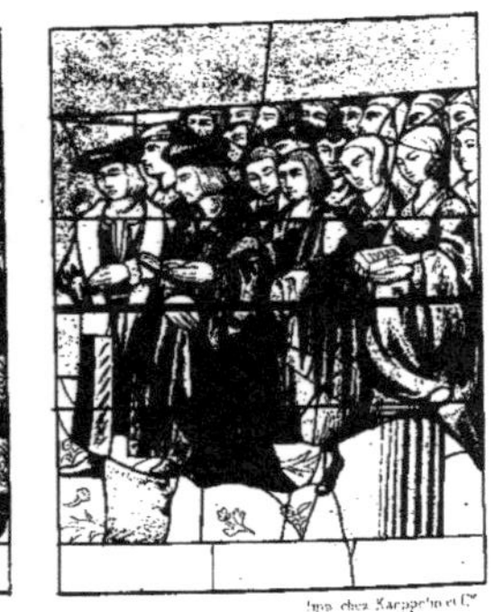

F. de Lasteyrie del. et lith.

Imp. chez Kaeppelin et Cie

PROCESSION DU SAINT SACREMENT.

Eglise Saint Ouen du Pont-Audemer.

Eure.

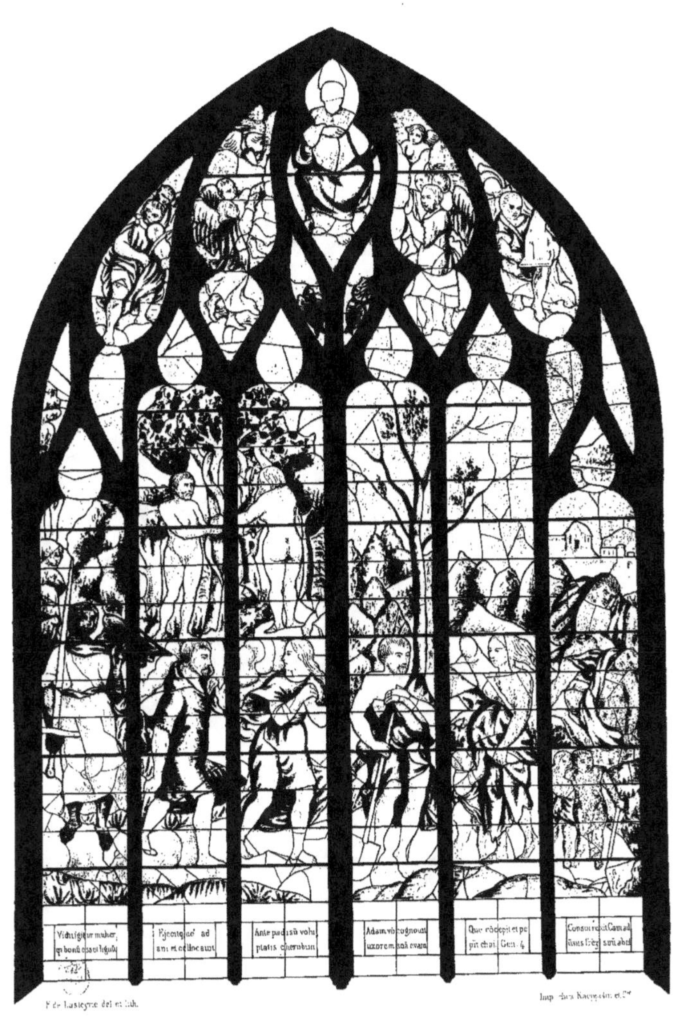

F. de Lasteyrie del. et lith.   Imp. chez Kaeppelin et Cⁱᵉ

PREMIERS PÉCHÉS ET PUNITION DE L'HOMME.

Église Notre-Dame d'Alençon.

Orne.

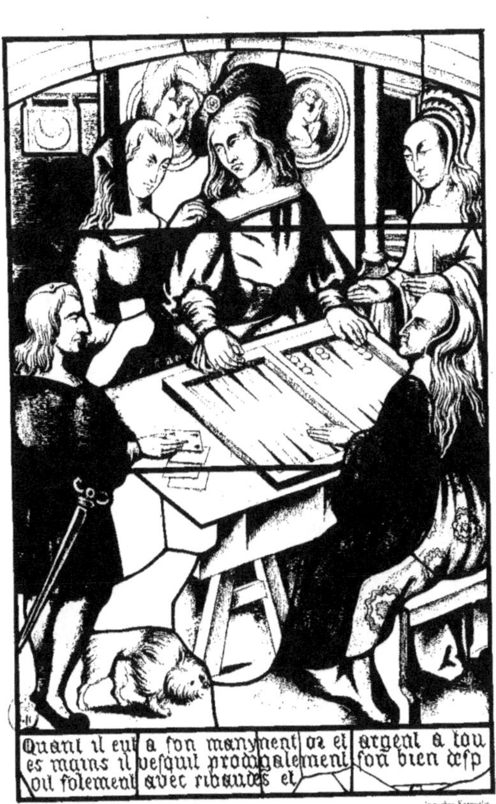

V.e de Lassaigne del et sc.

Imp. chez Koeppelin.

L'ENFANT PRODIGUE.

Église de Mortagne.

(Orne.)

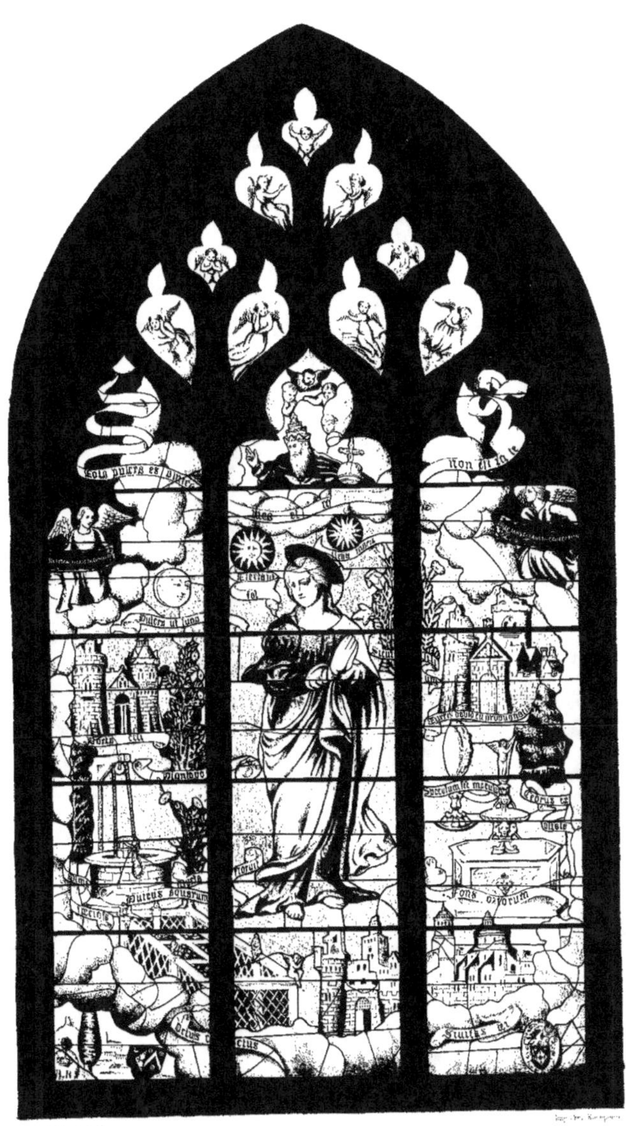

LES LITANIES DE LA Sᵗᵉ VIERGE.

Église de Conches.

(Eure)

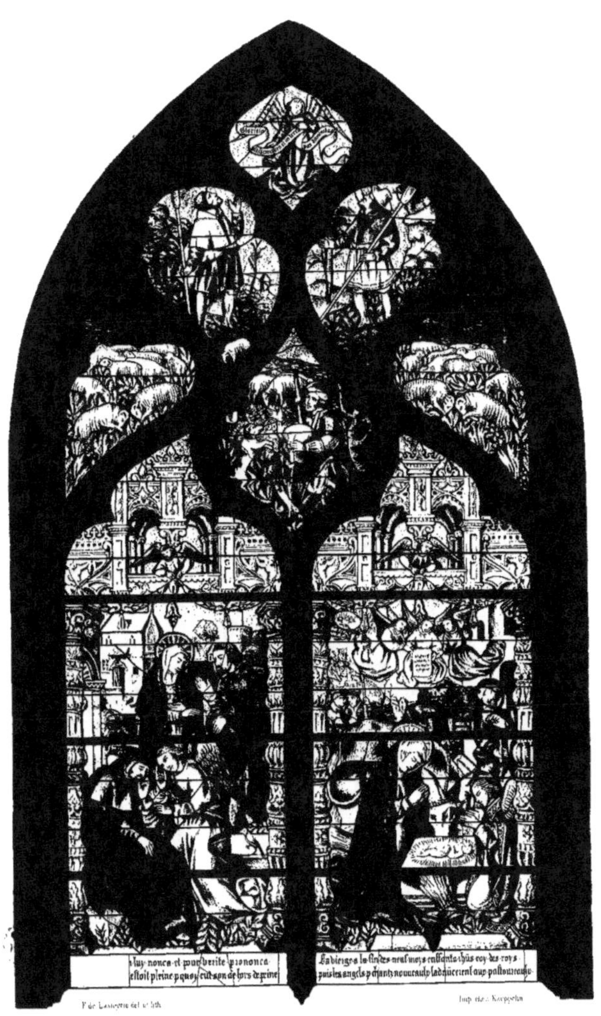

F. de Lasteyrie del. et lith.

Imp. chez Kœppelin

L'ANNONCIATION ET LA NAISSANCE DE N. S.

PEINTES PAR ROBERT PINAIGRIER.

Église S.ᵗ Gervais, à Paris.

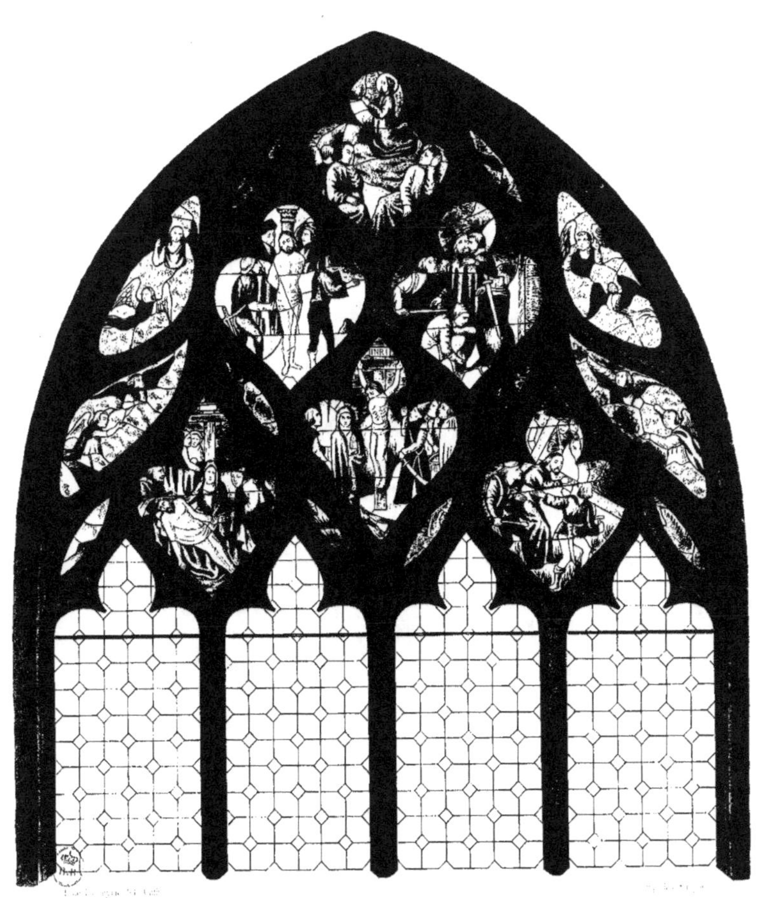

SCÈNES DE LA PASSION.

Église Saint Gervais

à Paris

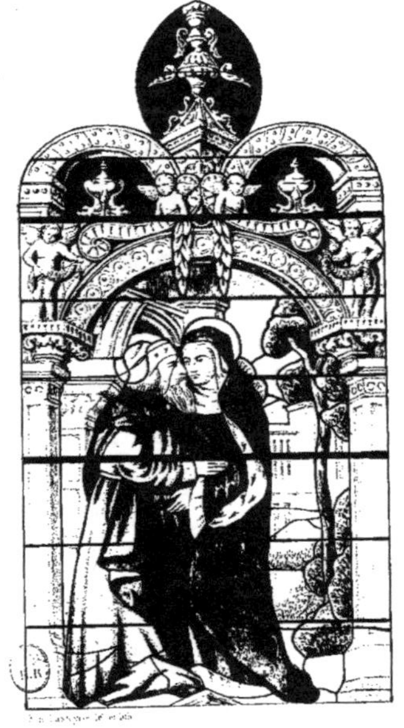

LA CONCEPTION.

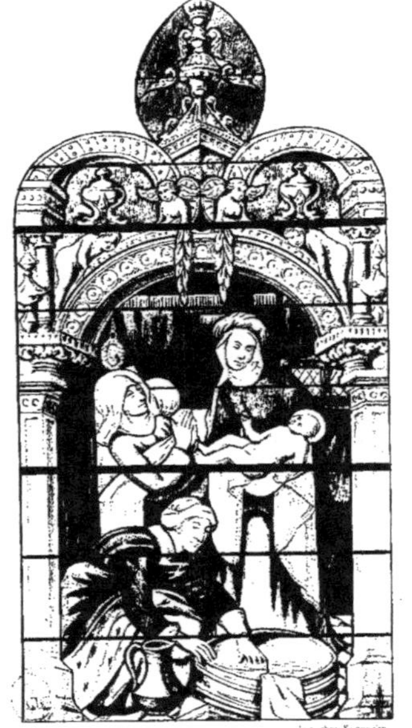

LA NATIVITÉ.

Ancienne Abbaye de Ferrières.

(Loiret)

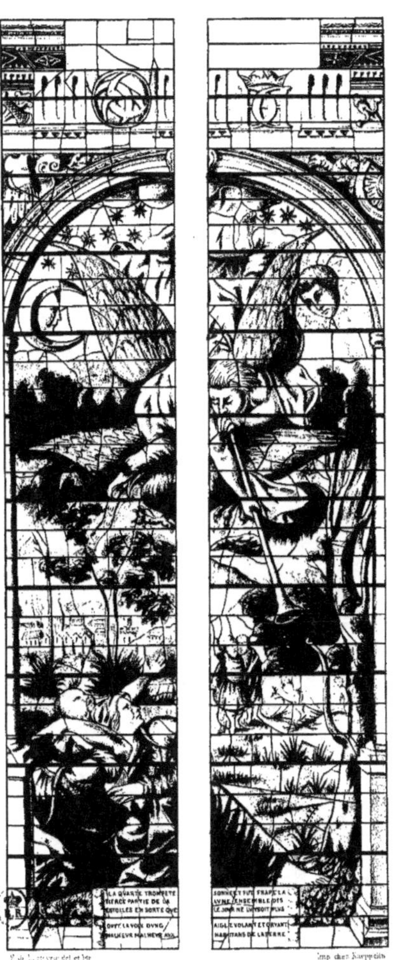

V. de Lasteyrie del et lith.

Imp. chez Kaeppelin

SCÈNE DE L'APOCALYPSE,

PEINTE PAR JEAN COUSIN,

Sainte Chapelle de Vincennes?

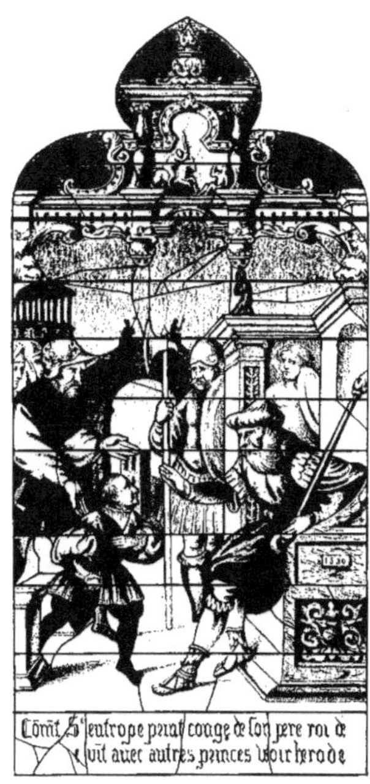

L'ENFANCE DE St EUTROPE.

Cathédrale de Sens.

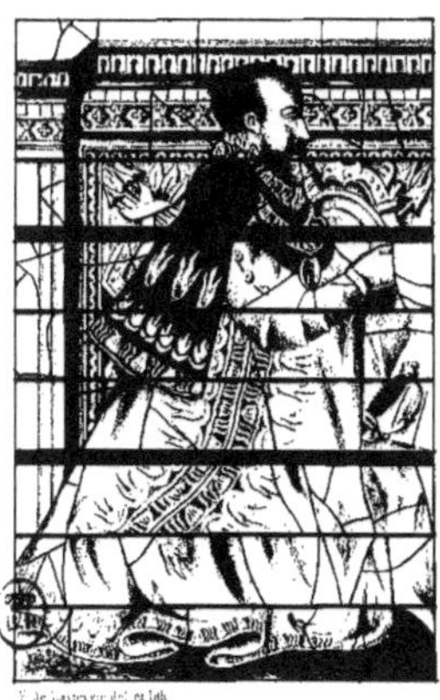

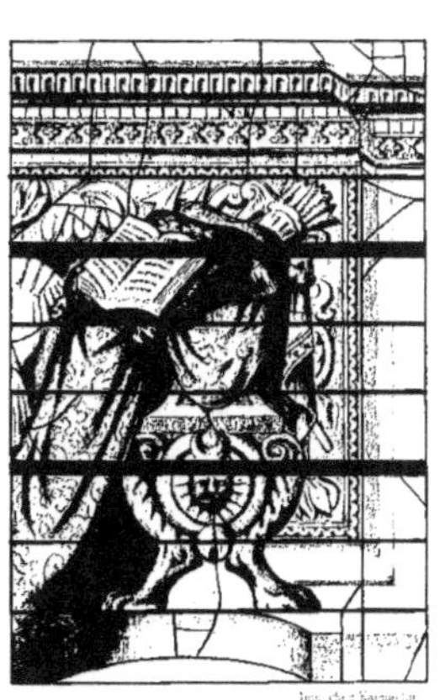

HENRY II, ROI DE FRANCE,

PEINT PAR JEAN COUSIN.

Ste Chapelle de Vincennes.

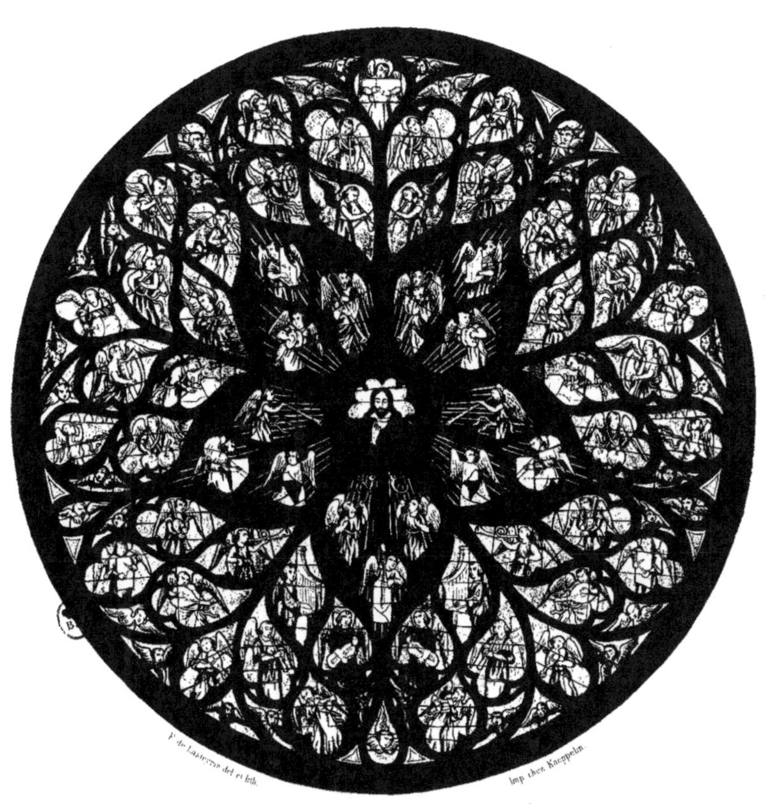

CONCERT CÉLESTE.

Cathédrale de Sens.

1542.

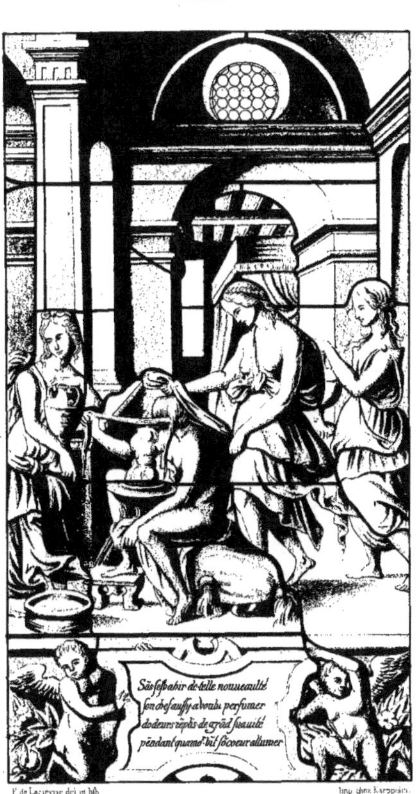

F. de Lasteyrie dei et lith.   Imp. chez Lasteyrie.

LA TOILETTE DE PSYCHÉ

PEINTE PAR BERNARD PALISSY, D'APRÈS UN CARTON DE RAPHAEL.

Verrière provenant du Château d'Écouen.

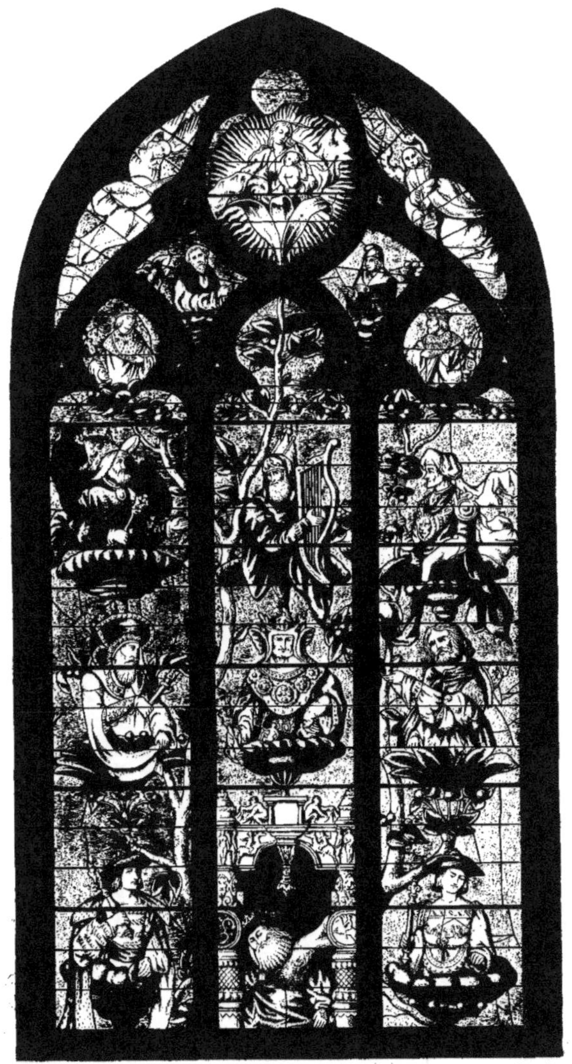

ARBRE DE JESSÉ,

PEINT PAR ANGRAND OU ENGUERAND LEPRINCE.

St Etienne de Beauvais.

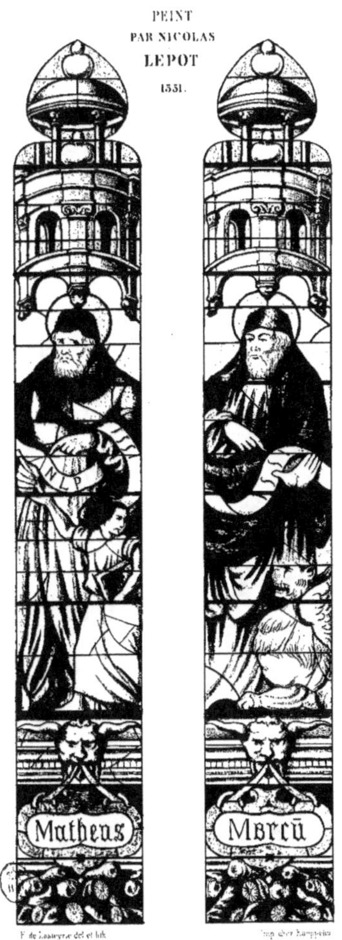

St. MATHIEU. St. MARC.

Cathédrale de Beauvais.

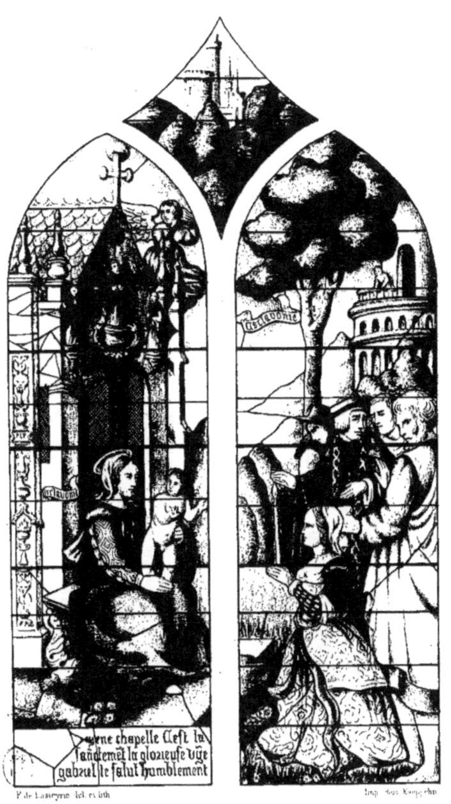

P. de Lasteyrie del. et lith.   Imp. des Campchin

NOTRE-DAME DE LORETTE

D'APRÈS UN CARTON ATTRIBUÉ A RAPHAEL.

St. Etienne de Beauvais.

FONDÉE
PAR OTTON SAVINI.

PEINTE
PAR VALENTIN BOUCH.

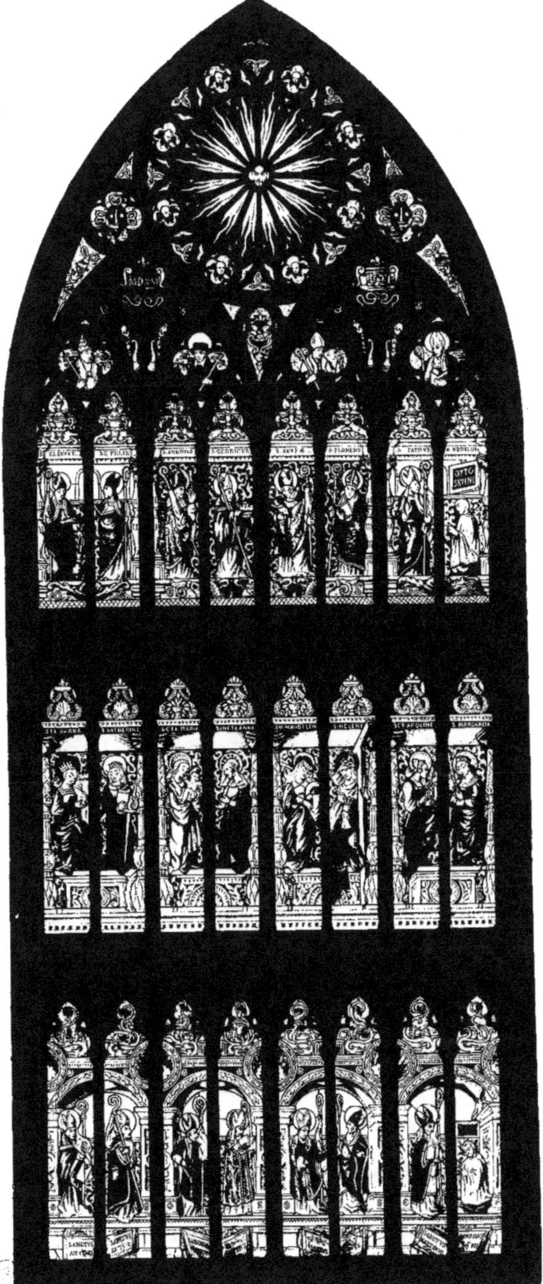

F. de Lasteyrie del. et lith.

Imp. chez Kaeppelin.

GRANDE VERRIÈRE DE METZ.

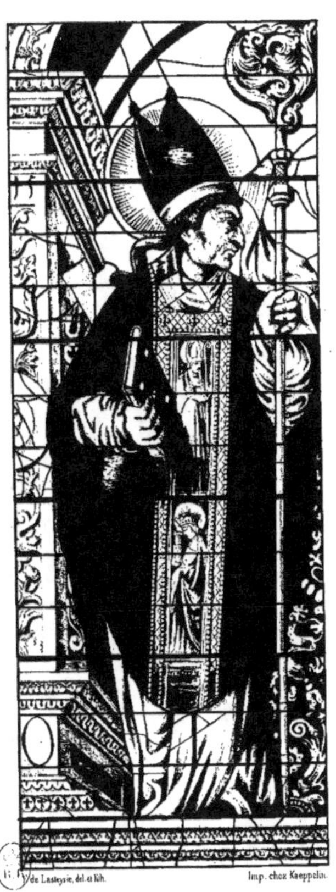

F. de Lasteyrie, del. et lith.   Imp. chez Kaeppelin.

S. PHRONIMIUS, EVÊQUE DE METZ.

PEINTE PAR VALENTIN BOUCH.

Cathédrale de Metz.

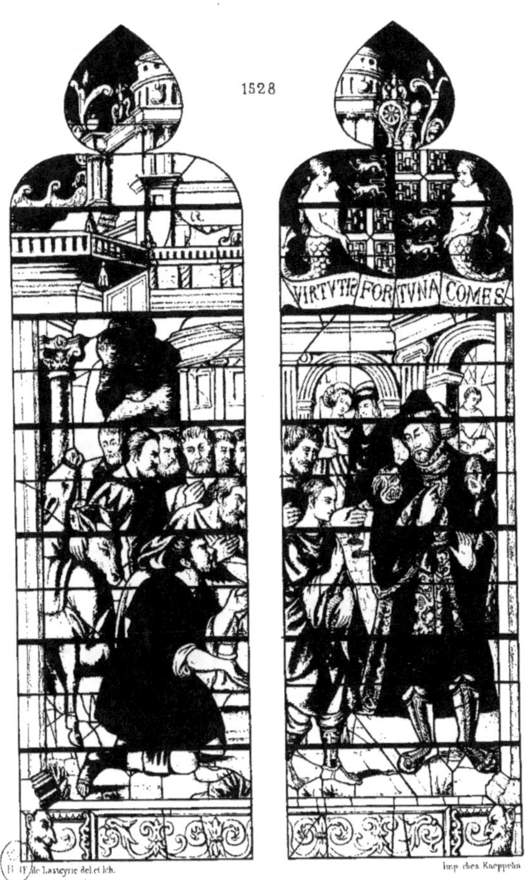

JOSEPH PARDONNANT À SES FRÈRES.

VERRIÈRE FONDÉE PAR FRANÇOIS DE DINTEVILLE

ET PEINTE PAR GERMAIN MICHEL.

Cathédrale d'Auxerre.

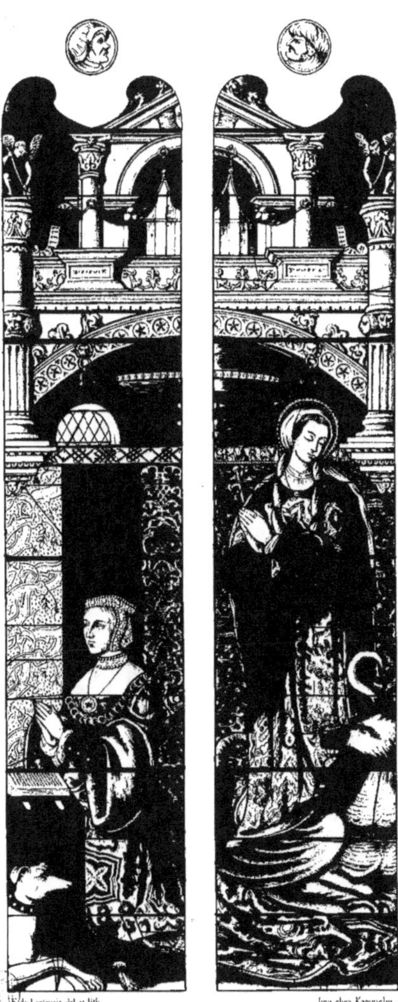

MARGUERITE DE SAVOIE.

Église de Brou, près Bourg.

(Ain.)

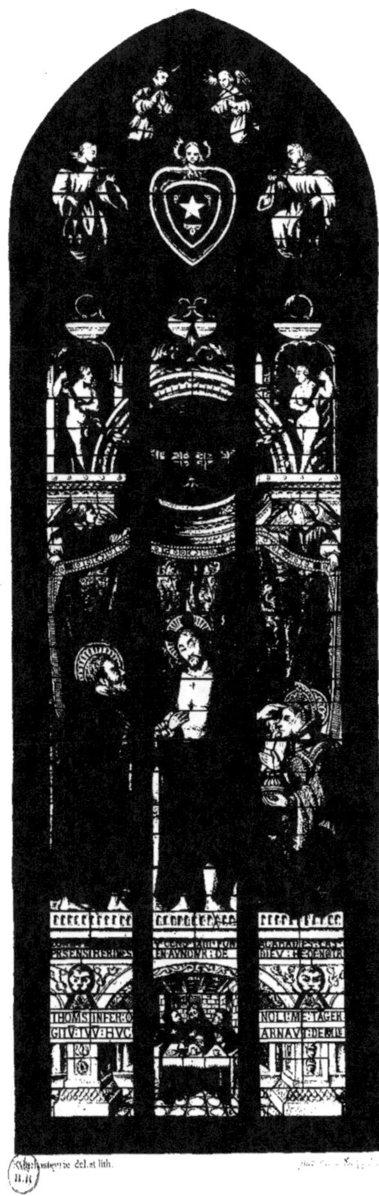

L'INCRÉDULITÉ DE S^T THOMAS

PEINTURE D'ARNAUT DEMOLE.

(Cathédrale d'Auch.)

1523.

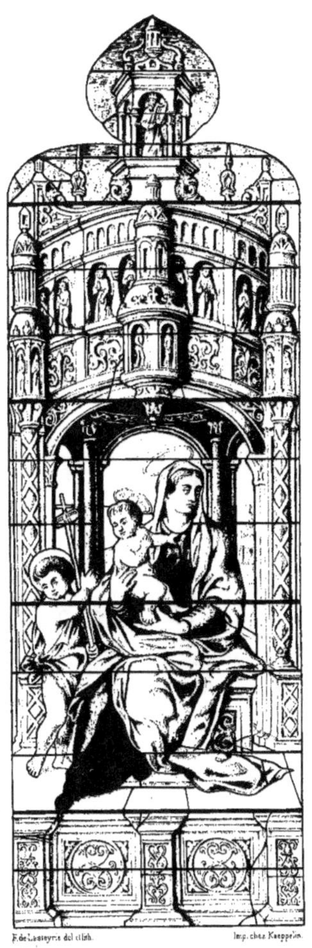

F. de Lasteyrie del et lith.   Imp. chez Kaeppelin.

SAINTE FAMILLE,

PEINTE PAR JEAN LEQUIER.

Cathédrale de Bourges.

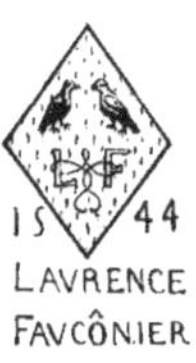

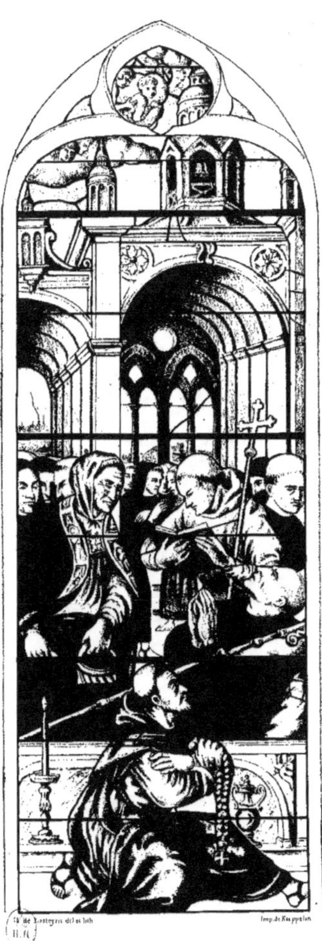

LA MORT DE S.t BONNET.

Église S.t Bonnet, à Bourges.

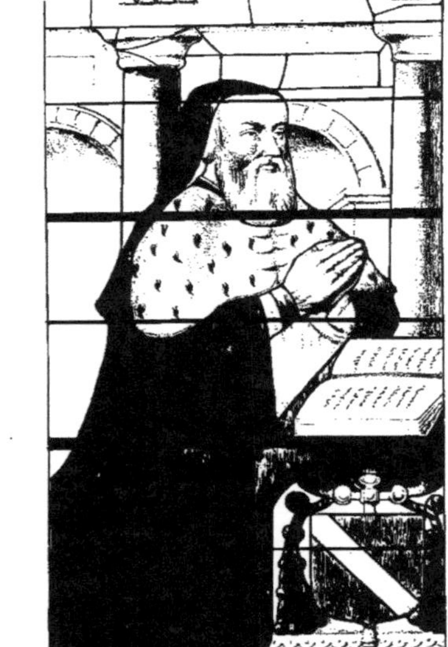

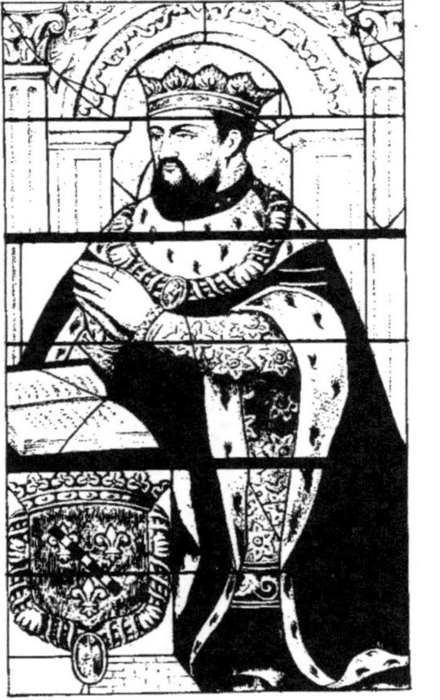

FRANÇOIS DE BOURBON DUC DE MONTPENSIER et CLAUDE DE LONGWY CARDINAL DE GIVRY.

Chapelle de Champigny près Chinon

(Indre et Loire)

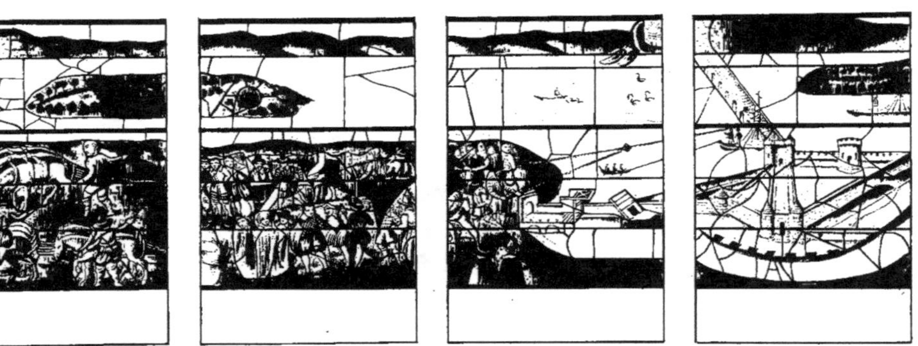

LES HABITANS DE LA VILLE DU PONT-DE-L'ARCHE

REQUIS POUR FAIRE FRANCHIR LE PONT A UN BATEAU CHARGÉ.

Église du Pont-de-l'Arche.

(Eure.)

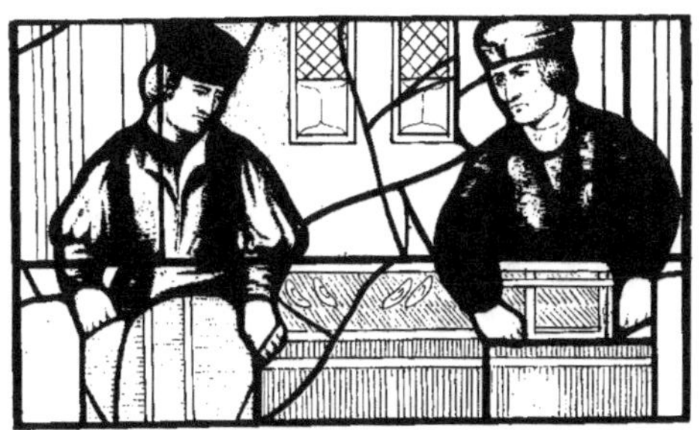

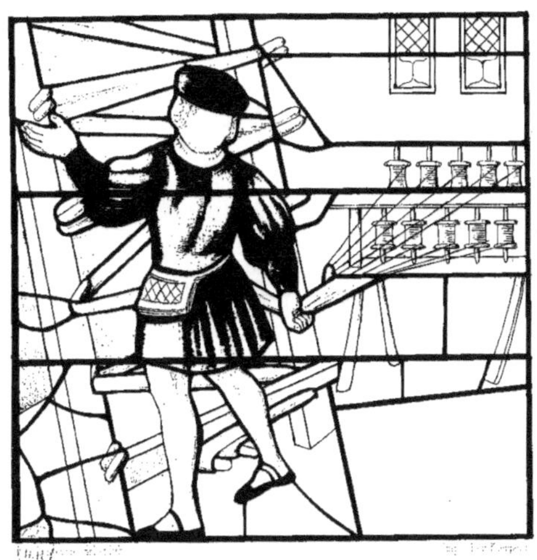

TISSERANDS ET FILASSIER.

Église St Étienne d'Elbeuf.

(Seine inférieure)

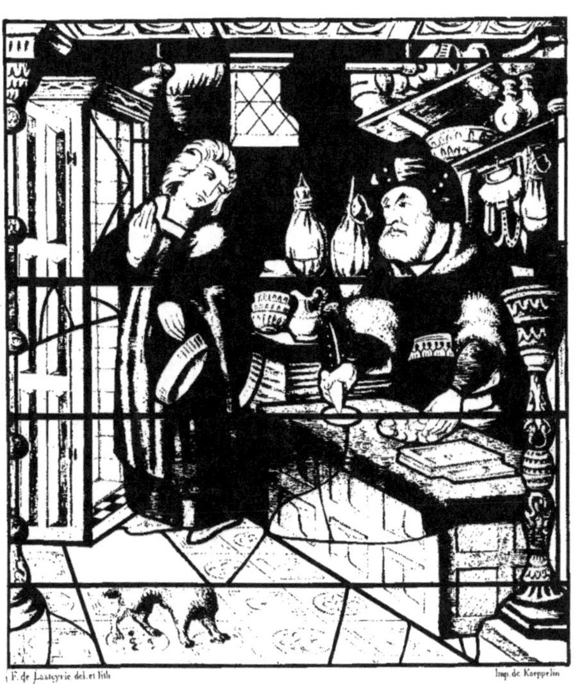

HISTOIRE DU JUIF DE LA RUE DES BILLETTES.

Église St. Alpin, à Châlons.

(Marne.)

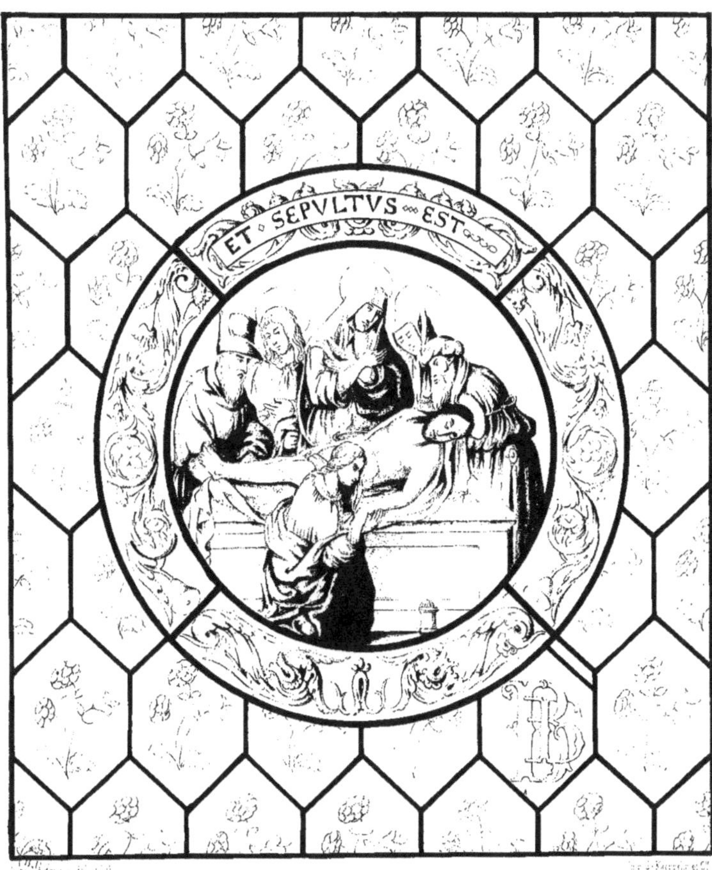

LA SÉPULTURE DU CHRIST.

MAISON DE M.r BONISSENT, DRAPIER.

N.º 27, Place basse, Vieille-Tour.

à Rouen.

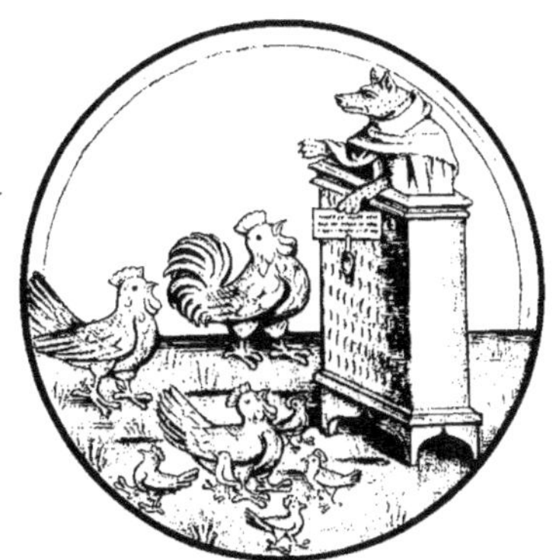

UN RENARD PRÊCHANT DES POULES.

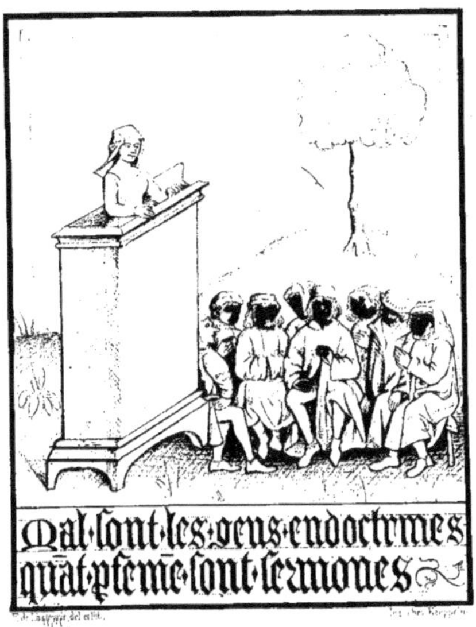

JEANNE D'ALBERT PRÊCHANT LES PROTESTANTS.

CARICATURES RELIGIEUSES

provenant de Limoges.

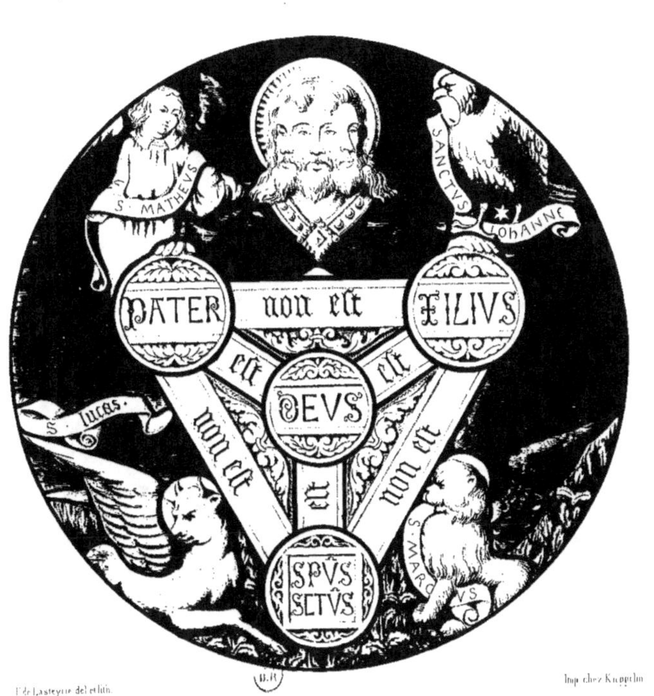

F. de Lasteyrie del. et lith.   Imp. chez Kaeppelin

SYMBOLE DE LA TRINITÉ.

Église St Lô d'Ourville.

(Manche.)

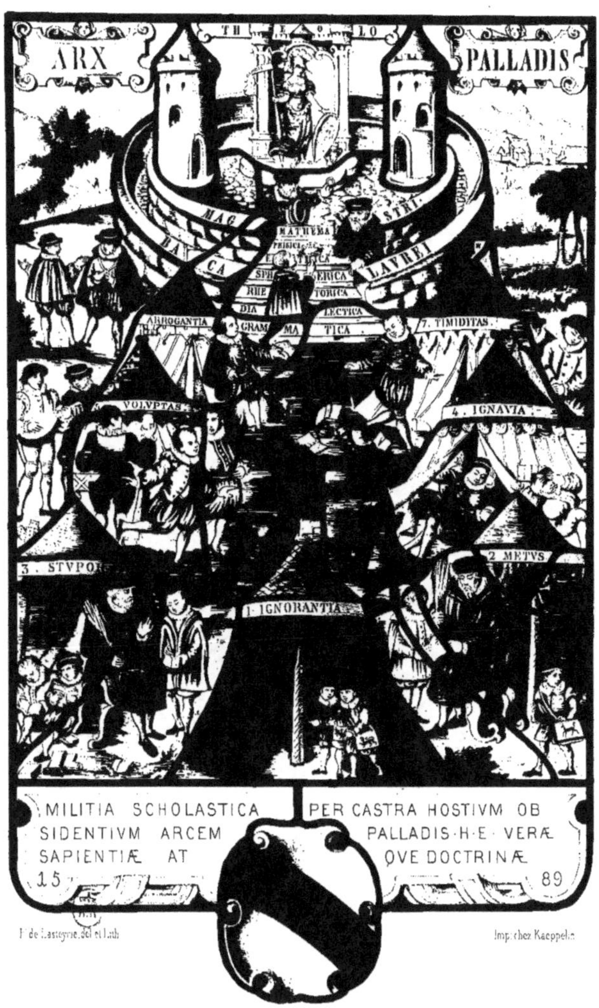
ARX
PALLADIS
TH E O LO
MATHEMA
PHISICA
SPH ERICA
RHE
TORICA
DIA
LECTICA
MAG
STRI
CA
LAVREI
ARROGANTIA
GRAM MA TICA
7. TIMIDITAS
VOLVPTAS
4. IGNAVIA
3. STVPOR
2. METVS
1. IGNORANTIA
MILITIA SCHOLASTICA
SIDENTIVM ARCEM
SAPIENTIÆ AT
15
PER CASTRA HOSTIVM OB
PALLADIS·H·E· VERÆ
QVE DOCTRINÆ
89
F. de Lasteyrie, del et lith.
Imp. chez Kaeppelin

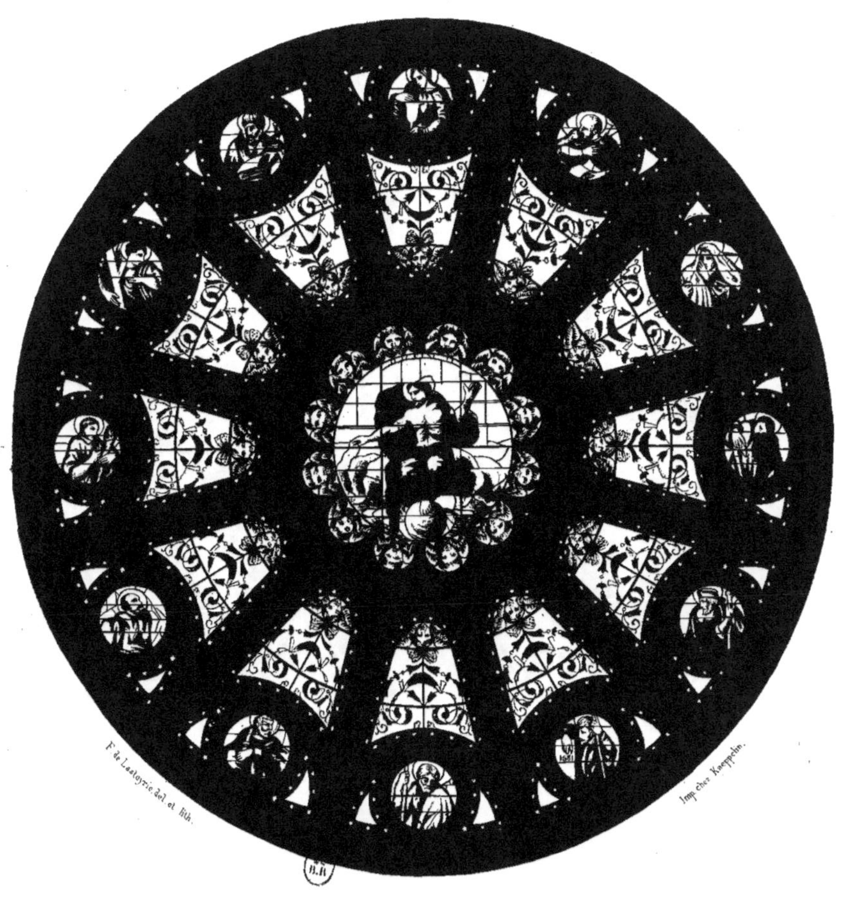

ROSE DES APÔTRES,

PEINTE, EN 1581, PAR NICOLAS DÉRODÉ,

Cathédrale de Reims.

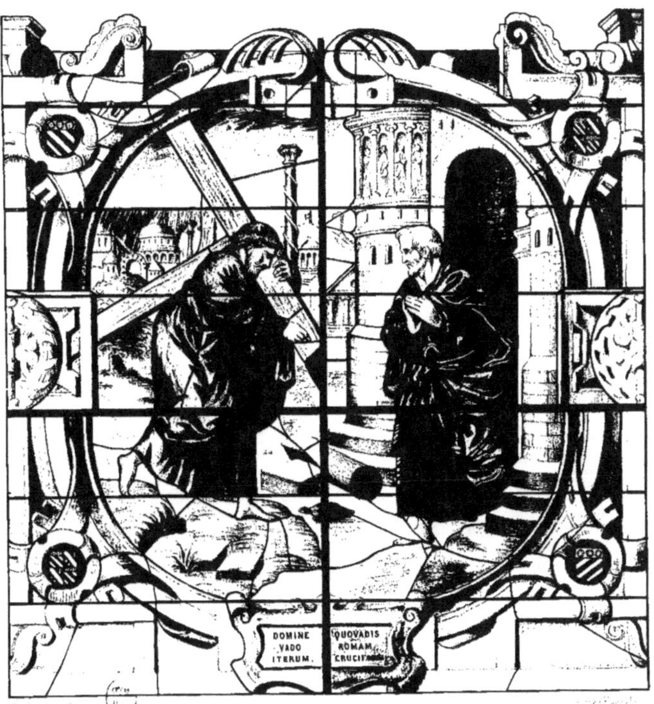

St PIERRE AUX PORTES DE ROME

(Eglise St Aignan de Chartres)

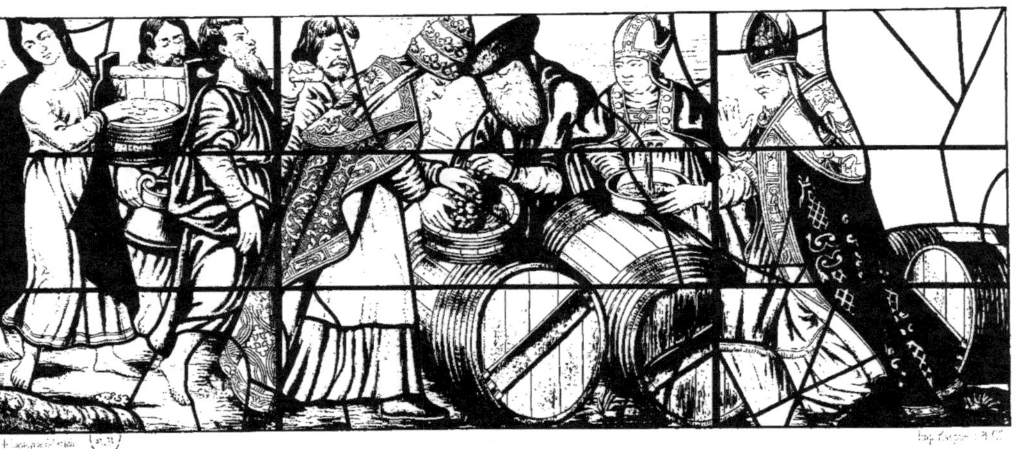

FRAGMENT DE L'ALLÉGORIE DU PRESSOIR.

ATTRIBUÉE A NICOLAS PINAIGRIER.

Église St Etienne-du-Mont.

Paris.

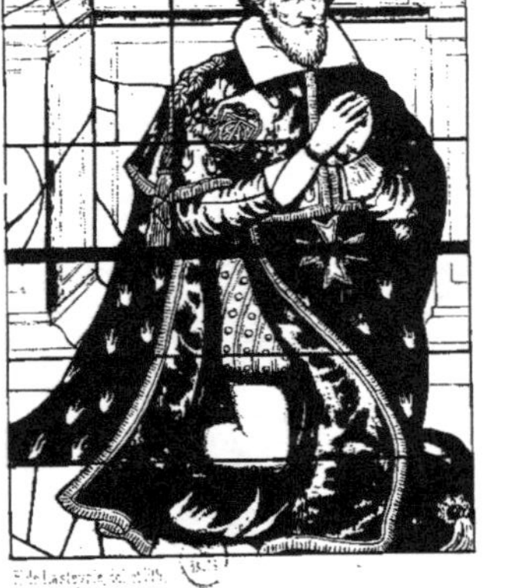

LE MARÉCHAL DE MONTIGNY ET GABRIELLE DE CRÉVANT SON ÉPOUSE.

(Cathédrale de Bourges.)

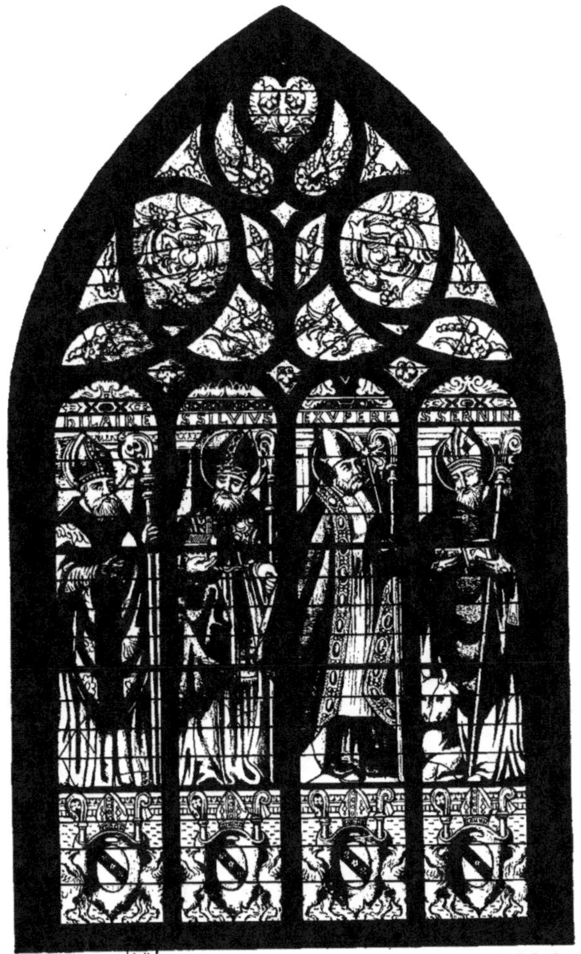

P. de Lasteyrie, del. et lith.   Imp. chez Kaeppelin.

FIGURES DE SAINTS ÉVÊQUES,

FONDÉES PAR JEAN DAFFIS, ÉVÊQUE DE LOMBEZ.

Cathédrale de Toulouse.

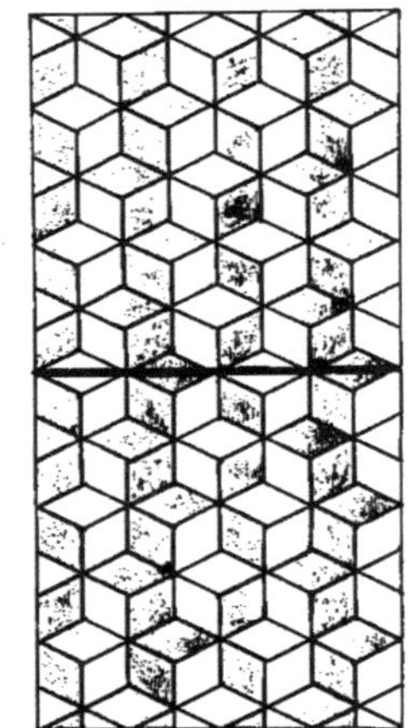
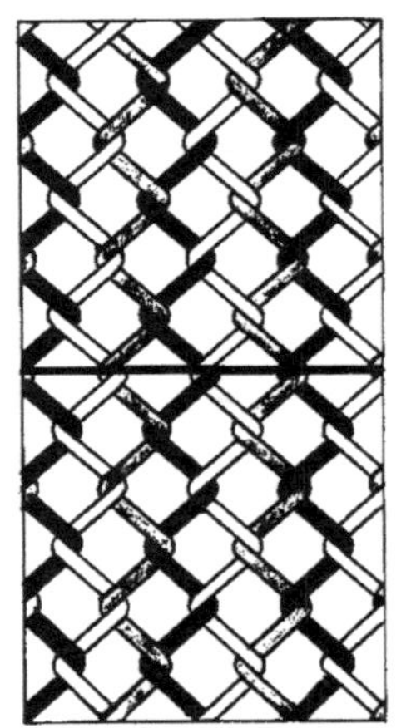
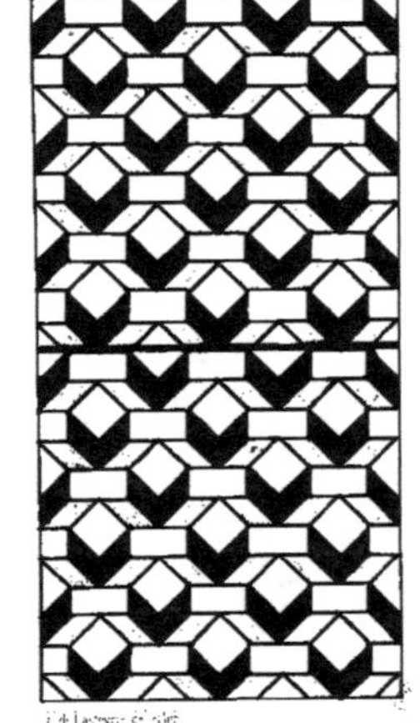

FRAGMENTS DE FENÊTRES EN MOSAÏQUE.

(Cathédrale de Toulouse.)

1622.

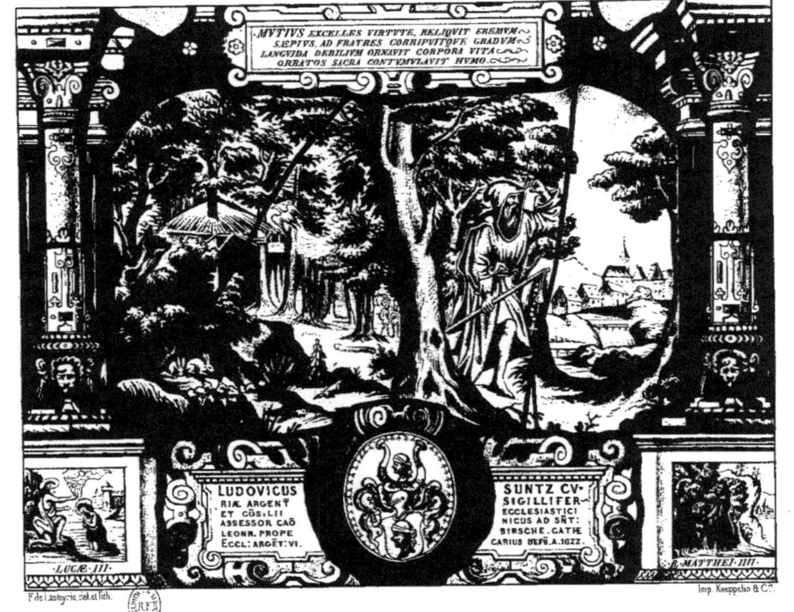

LE BIENHEUREUX MUTIUS, HERMITE.

PEINT PAR BERNARD LINCK, D'APRÈS MARTIN DE VOS.

Vitre provenant de la Chartreuse de Molsheim.

(Bibliothèque de Strasbourg.)

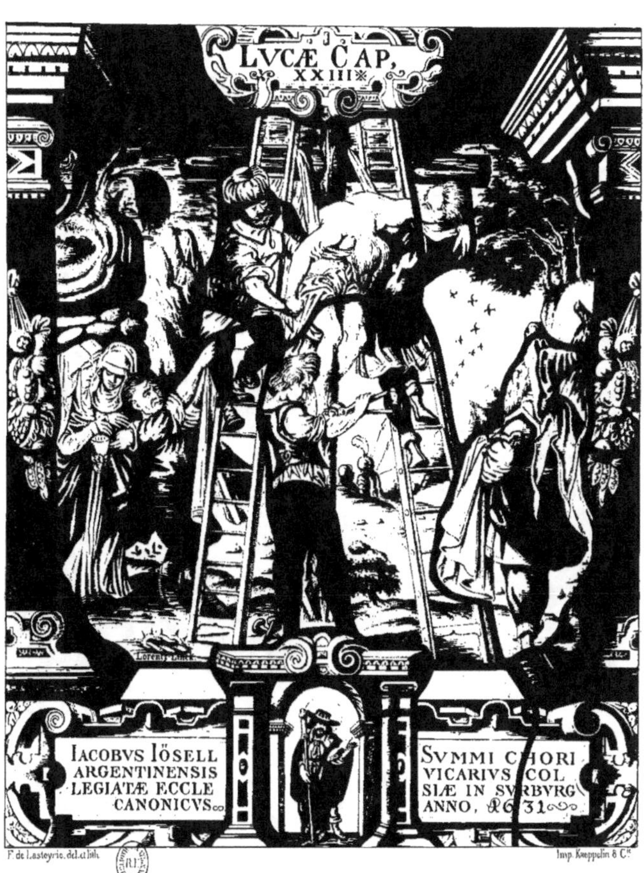

DESCENTE DE CROIX,

PEINTE PAR LAURENT LINCK, D'APRÈS MARTIN DE VOS.

Vitre provenant de la Chartreuse de Molsheim.

(Bibliothèque de Strasbourg.)

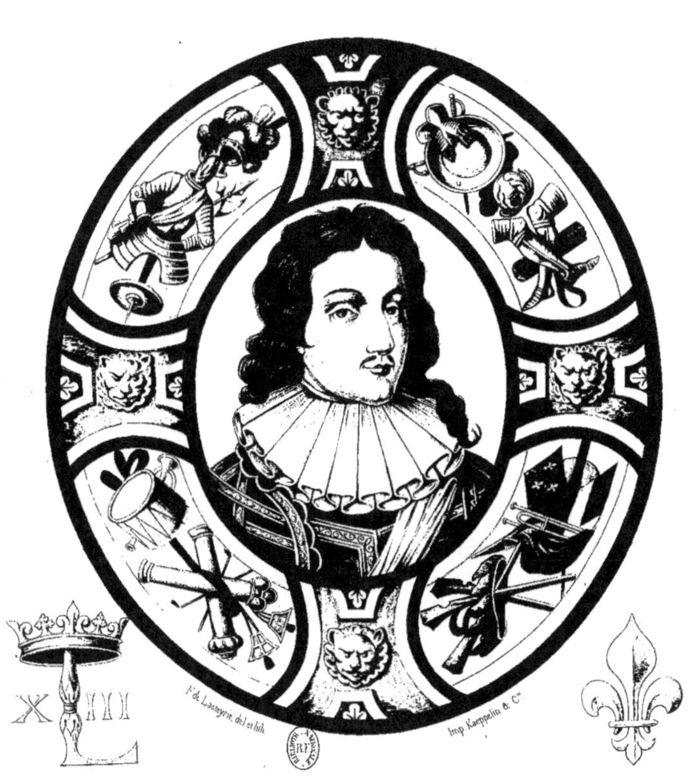

LOUIS XIII,

PEINT PAR LINARD GONTHIER,

pour l'hôtel de l'Arquebuse de Troyes en Champagne.

(actuellement à la bibliothèque de cette ville)

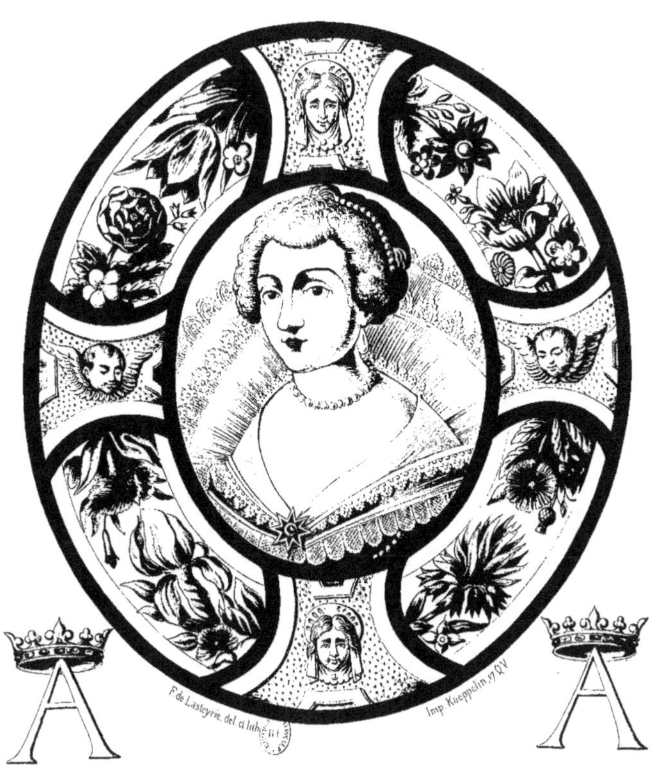

ANNE D'AUTRICHE,

PEINTE PAR LINARD GONTHIER.

pour l'hôtel de l'Arquebuse de Troyes en Champagne.

(actuellement à la bibliothèque de cette ville.)

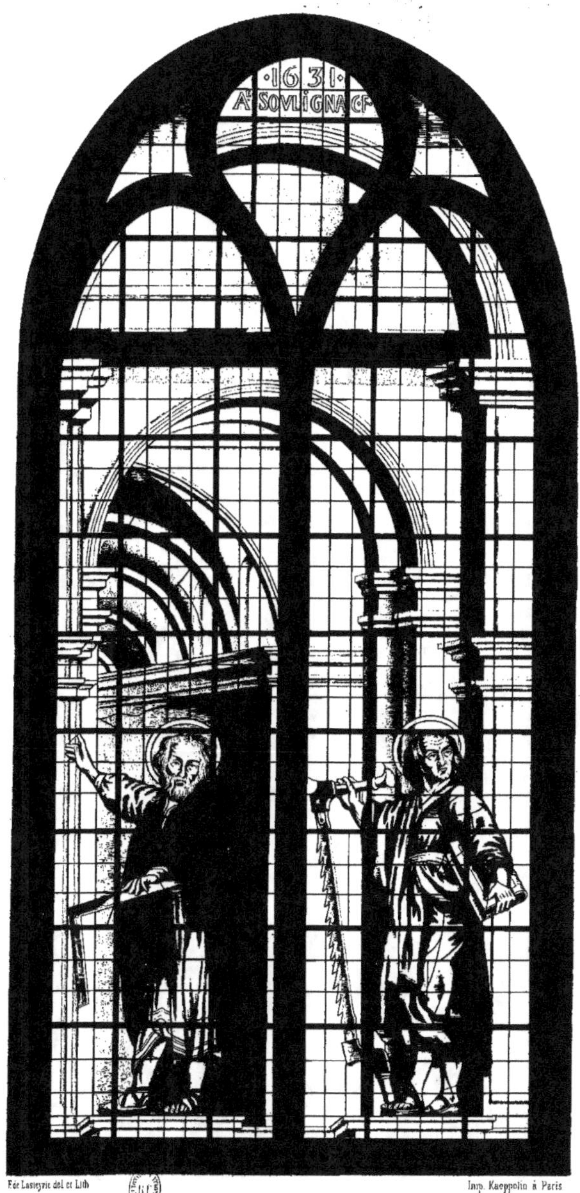

Fᵉ de Lasteyrie del et Lith.

Imp. Kaeppelin à Paris.

SAINT THOMAS & SAINT SIMON

Eglise St Eustache,

à Paris.

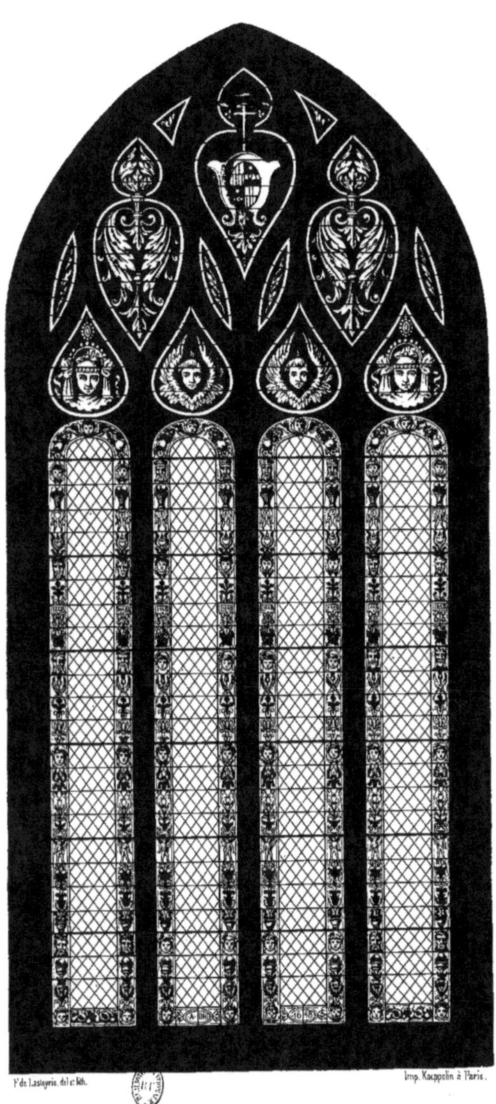

VERRIÈRE FONDÉE EN 1648,

PAR L'ARCHEVÊQUE DOMINIQUE DE VIC.

Cathédrale d'Auch.

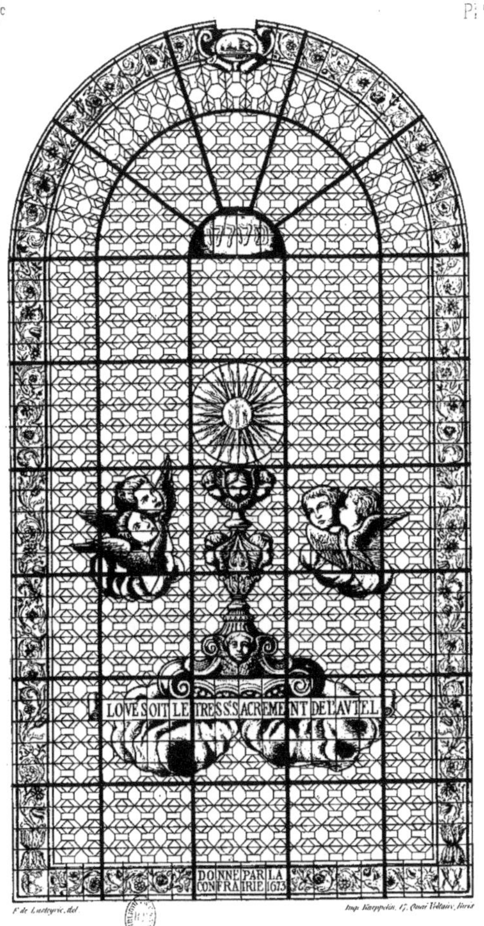

ADORATION DU SAINT-SACREMENT

PEINTE PAR LE CLERC EN 1673.

Église St Sulpice, à Paris.

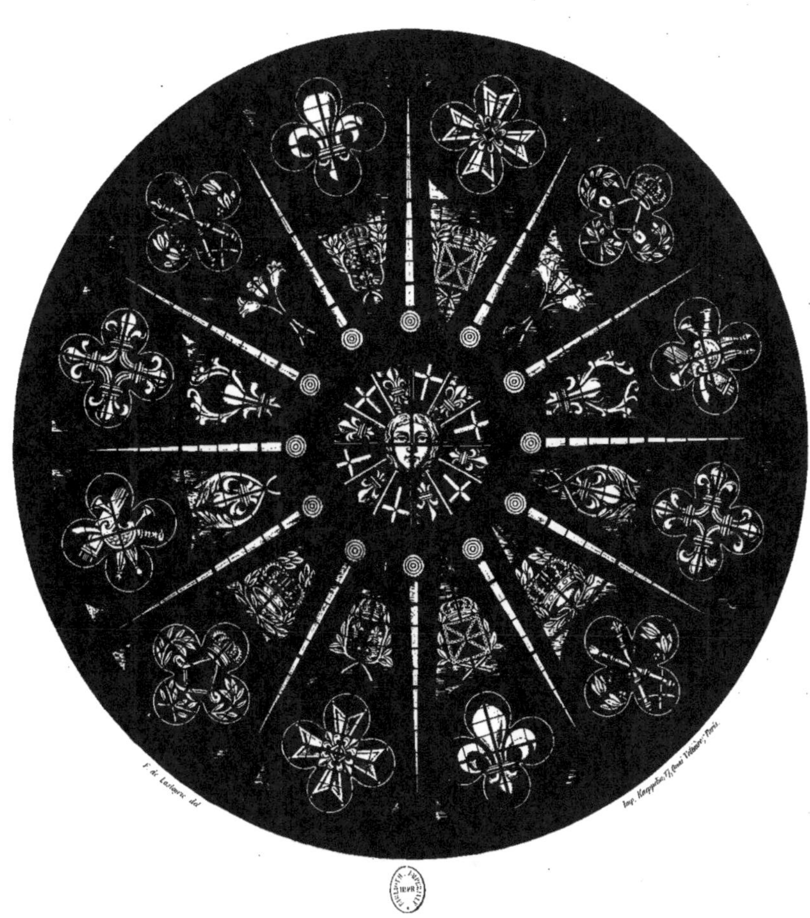

ROSE FONDÉE PAR LOUIS XIV

ET PEINTE PAR GUILLAUME LEVIEIL

Cathédrale d'Orléans.

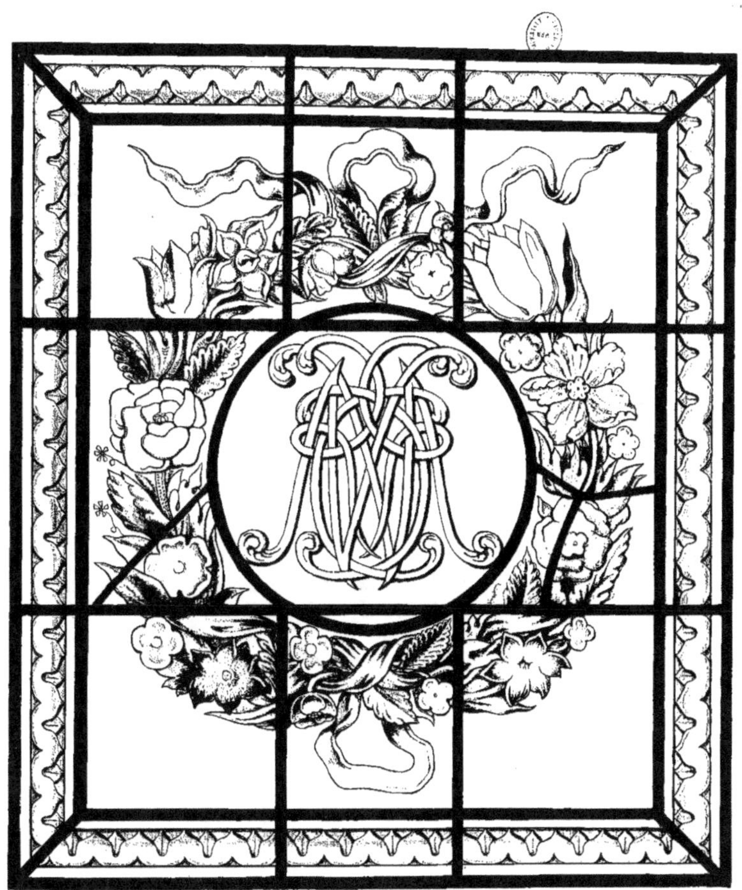

CHIFFRE ET PANNEAU DE FLEURS

Église St. Nicolas du Chardonnet

à Paris.

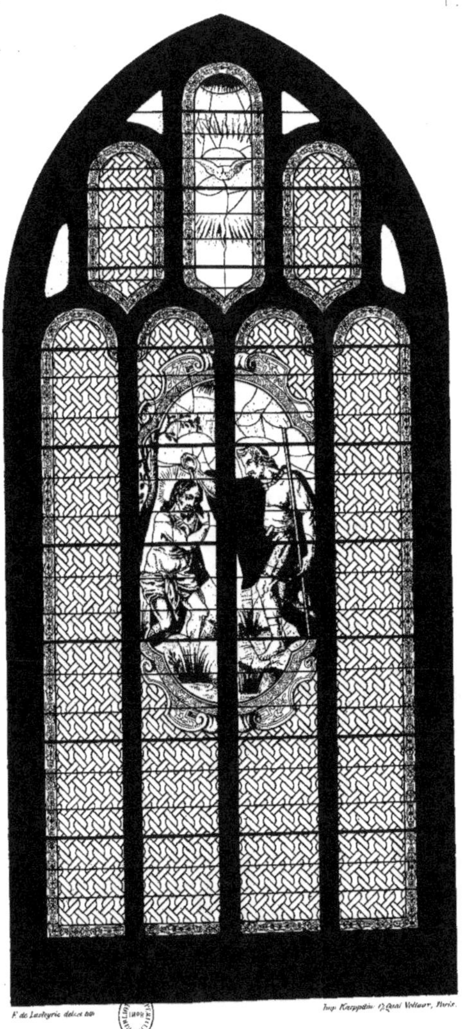

LE BAPTÊME DE NOTRE SEIGNEUR

Eglise S.t Gervais, à Paris.

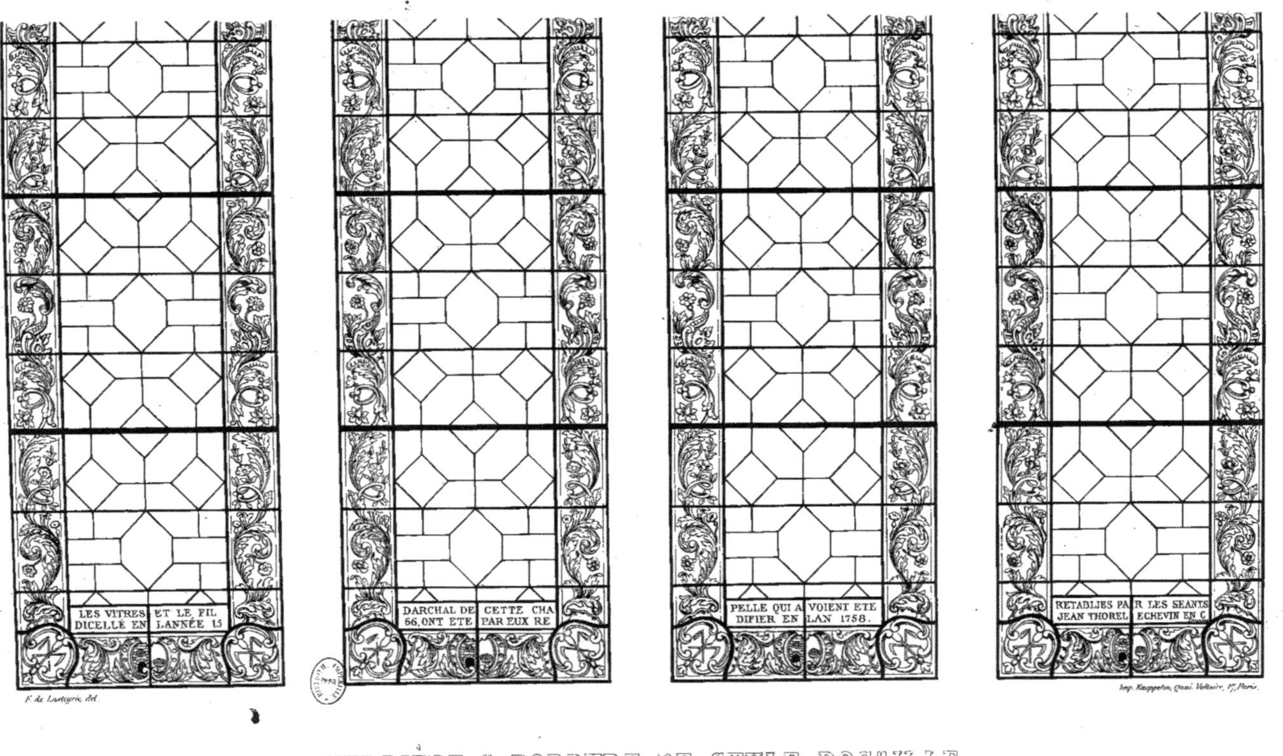

F. de Lasteyrie del.

Imp. Kaeppelin, Quai Voltaire, 17, Paris.

VERRIÈRE A BORDURE DE STYLE ROCAILLE

Église de Caudebec (Seine Inférieure)